学术研究专著·管理学

教育部社科研究“基于ECM与承诺模型的EKRs持续使用行为研究”基金项目(12YJA630187)

企业电子知识库持续使用行为研究

张树娟　著

西北工业大学出版社

西　安

【内容简介】 企业电子知识库(EKRs)是一种实现组织内部知识的存储、获取和交换的电子存储系统,组织成员能否持续使用EKRs不仅关系到系统的成败,而且会影响组织利用系统管理知识的效率。本书对现有的信息系统(IS)使用研究的理论模型进行总结,构建了基于期望-确认模型(ECM)及承诺的综合模型,确定了企业电子知识库持续使用行为的有效度量,归纳出影响EKRs持续使用的主要因素,分析这些要素与EKRs持续使用行为相互影响、作用的机理,并进行实证研究,最后提出适合中国组织背景的知识管理对策。

本书主要读者对象为知识管理和人力资源领域的教学科研专业人士、企业信息主管和人力资源主管以及相关领域咨询人员。

图书在版编目(CIP)数据

企业电子知识库持续使用行为研究/张树娟著.—西安:西北工业大学出版社,2018.12
ISBN 978-7-5612-6408-9

Ⅰ.①企… Ⅱ.①张… Ⅲ.①企业管理-技术革新-研究 Ⅳ.①F273.1

中国版本图书馆CIP数据核字(2018)第276282号

QIYE DIANZI ZHISHIKU CHIXU SHIYONG XINGWEI YANJIU
企业电子知识库持续使用行为研究

责任编辑: 何格夫 朱晓娟 **策划编辑:** 雷 军
责任校对: 王梦妮 **装帧设计:** 李 飞
出版发行: 西北工业大学出版社
通信地址: 西安市友谊西路127号 邮编:710072
电 话: (029)88491757,88493844
网 址: www.nwpup.com
印 刷 者: 陕西金德佳印务有限公司
开 本: 727 mm×960 mm 1/16
印 张: 6.5
字 数: 120千字
版 次: 2018年12月第1版 2018年12月第1次印刷
定 价: 36.00元

前　　言

随着计算机技术的发展，企业电子知识库(Electronic Knowledge Repositories，EKRs)成为一种越来越普及的工具。EKRs是一种实现组织内部知识的存储、获取和交换的电子存储系统，通过在线存储来获取、组织和储存可编码知识，以提高组织中的知识共享和再利用。目前，安盛咨询公司、施乐公司等许多著名组织都开始利用EKRs管理内部知识。充分利用EKRs系统有效管理组织内部知识，对我国企业的自主创新也有着重要意义。然而，尽管企业高度鼓励EKRs的使用行为，员工却没有义务在日常工作中使用EKRs。组织成员能否持续使用EKRs不仅关系到系统的成败，而且会影响组织利用系统管理知识的效率。那么，影响使用者持续使用EKRs的动机的根本因素有哪些？这些因素如何作用影响持续使用的动机？

期望-确认模型(ECM)和基于承诺的模型都是专门用于考察信息系统(IS)的持续使用，为研究企业网上EKRs的持续使用行为提供了良好的研究基础，但二者在解释使用行为时分别有不同的侧重点。ECM是过程模型，反映使用者从使用前的期望到使用后的感知及其对初始使用后的接受行为的影响，而基于承诺的模型更多地关注系统使用导致的心理依附。事实上，满意和承诺是两种截然不同的态度变量，在影响使用者持续使用EKRs的决策中是相互补充而非相互排斥的。因此，笔者认为构建一个ECM与承诺模型的整合模型会比单独任何一种模型更好地解释EKRs用户的使用意图及行为。

本书采用理论分析和实证研究并重、概念模型和数学模型相结合的方法，从行为学角度研究EKRs持续使用行为规律。在回顾整理现有的持续使用IS的研究基础上，确定企业电子知识库持续使用行为的有效度量，归纳出影响EKRs持续使用的主要因素；对现有的IS使用研究的理论模型进行归纳总结，构建基于 ECM 及承诺的综合模型，将影响 EKRs 持续使用的各要素纳入其中，分析这些要素与 EKRs 持续使用行为相互影响、作用的机理，并提出具体假设；然后结合问卷调查所得的数据资料对假设予以验证；最后提出适合中国组织背景的知识管理对策。

本研究以 EKRs 应用为问题背景，从整合 ECM 与承诺模型的研究视角提出一个 EKRs 持续使用行为的理论模型，并采用问卷调查法来进行实证研究，更加全面地揭示 EKRs 使用者持续使用行为的规律与内在机理。本书涉及知识管理、人力资源管理、组织行为管理等多个交叉领域，丰富与深化了 IS 持续使用理论体系，有助于把握在中国文化情境下 EKRs 用户持续使用的行为规律，为企业有效地利用信息系统管理内部知识提供了理论指导。

在编写本书的过程中参阅了许多相关文献资料，在此向其作者表示感谢。

本书的出版得到了西北工业大学专著出版基金的资助。

由于水平有限，书中难免存在不妥之处，恳请读者批评指正。

著　者

2018 年 9 月

目　录

第1章 绪论

1.1 选题背景

当今时代，知识已成为企业最重要的资源，飞速发展的信息技术伴随着国际竞争重点战略的飞速转移，将企业不可逆转地推入知识经济时代，知识已被越来越多的企业视为一种具有极高价值的无形资产。组织内部的知识，尤其是新思想、独特的知识(unique knowledge)是企业创新的来源。新思想往往形成于组织内部或外部个体知识交换，或是组织内部灵感的闪现。识别内外部有价值的知识，在组织内部转移、吸收，并将其运用于商业目标，对企业创新能力和持久竞争力十分重要。

随着计算机技术的飞速发展，为实现组织间知识的共享、转移和交换等，信息系统成为管理组织内部显性知识的一种有效手段。在各种知识管理的信息系统中，电子知识库(Electronic Knowledge Repositories, EKRs)成为一种越来越普及的工具，许多组织用它来开发组织成员现有的知识，激励新知识、新观点的产生，直接有效地捕捉知识，使得知识更容易获取，从而实现组织内部任何一个成员都能够获取恰当的知识，并有效利用(Davenport 和 Prusak, 1998)。电子知识库(EKRs)是一种实现组织内部知识的存储、获取、交换的电子存储系统，处于不同场所的员工可以通过公司局域网进入 EKRs，企业员工通过对 EKRs 的使用，知识的找寻和共享不再受地理边界和时间限制的制约。有效利用 EKRs，可以促进员工积极主动地寻找有用的信息，提高工作效率，推动组织内部虚拟学习环境的形成。如何有效利用 EKRs 系统有效管理组织内部知识，对我国企业顺利实现从依赖技术引进型向自主创新型的转变有着重要意义。

在实践领域，评价基于知识管理的信息系统成效(Information

System Success, IS Success)的一个重要指标是系统的持续使用,即使用者是否能够持续通过 IS 贡献知识,并通过 IS 搜寻、获取,从而实现基于 IS 的知识共享。因此,本书关注组织成员持续使用 EKRs 的行为考察,在回顾整理现有的持续使用信息系统的研究基础上,通过对期望-确认模型(Expectation-Confirmation Model,ECM)与承诺模型的整合,分析影响企业员工持续使用 EKRs 的关键行为因素,提出了相应的研究模型,从而进一步揭示 EKRs 使用者持续使用行为的规律与内在机理,为企业有效地利用信息系统管理内部知识提供借鉴。

1.2 研究目的和研究意义

通过相应的文献资料可以看出,国外的学者对于群体行为和个人行为的理论研究至少有 30 年的历史,对于知识管理和信息系统管理的研究至少也有 15 年的历史。知识管理理论于 1998 年引进国内,从此,国内很多学者开始介入知识管理研究和信息系统持续使用行为研究。但到目前为止,国内学者专门针对电子知识库(EKRs)使用行为的研究并不多,关于持续使用该信息系统的研究相对来说也还是不够丰富和完善。

针对以上问题,本书在通过对现有的信息系统持续使用行为模型的基础上,试图以期望-确认模型(ECM)和承诺模型为基础,归纳总结可能会影响企业员工持续使用企业电子知识库(EKRs)的行为因素,通过理论分析,厘清各个变量间的影响关系,构建一个更为综合的电子知识库持续使用行为模型,并通过实证检验,验证提出的模型和假设。具体来说,就是研究企业内部员工在使用电子知识库时,影响他们持续使用电子知识库的因素有哪些,这些因素是在何种情景下影响其持续使用意向的以及这些影响因素的效果又是怎样的。

从学术角度来看,通过整合期望-确认模型(ECM)和承诺模型,分析两者之间的关系,从满意度和用户承诺两个维度衡量企业员工持续使用电子知识库的行为意向,为后续的信息系统持续使用研究提供了一个新的视角;从管理角度看,为企业提高员工工作效率、高效利用企业现在无形资源提供更为精准的建议。

1.3 研究方法和技术路线

本书在参阅相关文献的基础上，分别采取定量和定性分析、理论与实证相结合的方法展开研究，具体为文献阅读法、问卷调查法和统计分析法。通过阅读大量的相关文献，找出本研究的理论基础和研究突破口，构建企业电子知识库（EKRs）持续使用行为研究模型，通过问卷的编制与发放，对回收的问卷进行数据归纳处理和分析，并验证本书的假设。

本书分为 6 章，采用的主线思路是从理论基础研究到模型分析再到结论总结，旨在通过承诺理论和期望确认理论分析出影响企业内部人员 EKRs 持续使用行为的因素，为企业采取相关政策提供理论依据。其中，模型分析主要可描述为定性分析与定量分析方面。在定性研究方面，本书采用文献总结方法，通过对组织承诺模型和期望确认模型的分析，结合国内的企业对 EKRs 的使用情况和社会背景，提炼出影响员工持续承诺并采取持续行为的影响因素，并进行定义；在定量分析方面，模型构建完毕之后对使用电子知识库的企业内部员工进行问卷调查，通过结构方程实证研究，探讨各个影响因子的影响力度和相互关系。这些研究结果将有助于组织提高 EKRs 的使用，进而促进组织学习，提高组织工作效率。

1.4 研究框架

“承诺”与“组织承诺”是组织行为学研究的一个重要主题，目前国内外对企业信息系统的持续使用行为的研究从最初的技术层面开始向其他层面扩展。期望-确认模型（ECM）自提出以来，就广泛地应用于信息系统的持续使用研究中，而承诺模型的引入可以从不同于 ECM 或 TAM 等角度去反映 IS 的持续使用该模型的特性。ECM 和基于承诺的模型都是专门用于考察 IS 的持续使用，但二者在解释 IS 使用行为时分别有不同的侧重点。ECM 是过程模型，反映使用者从使用前的期望到使用后的感知；基于承诺的模型更多的关注 IS 的使用导致的心理依附。因此，考虑到 ECM 与基于承诺的模型具有的补充作用，本书建立了一种整合两种模型的综合模型，用以解释 IS 使用意图中的更多变量。在此基础上构建一个 ECM 与基于承诺模型的整合模型，从而进一步解释 EKRs 的持续使用机理，见图 1-1。

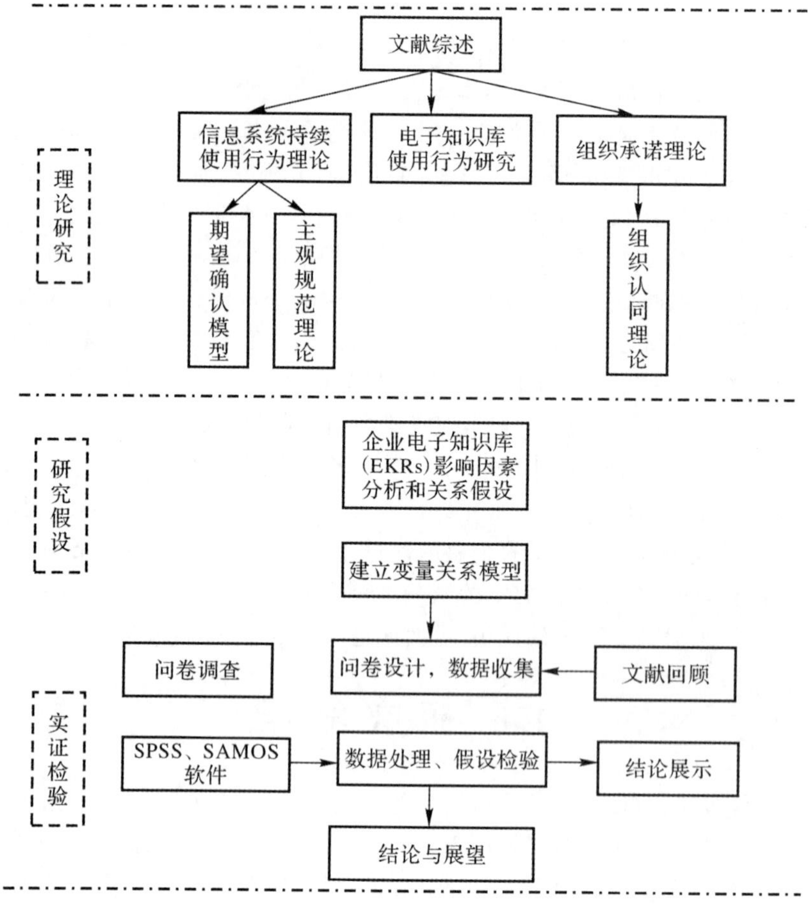

图 1-1　本书技术路线

本书的内容分为 6 章：

第 1 章，绪论。本章主要分析了本书的选题背景、研究方法、技术路线和研究框架。

第 2 章，相关研究综述。本章对企业电子知识库进行介绍，包括电子知识库研究概况；国内外学者对信息系统的研究情况和理论模型，重点介绍了 ECM 的相关理论研究和模型分析、组织承诺的理论来源和研究进展;EKRs 持续使用影响因素的理论基础。

第 3 章,研究模型与研究假设。通过对以上理论和模型的分析,总结了影响企业员工持续使用电子知识库的主要因素,并根据影响企业员工持续使用电子知识库的主要因素和相关模型提出本书的研究模型和本书的研究假设。

第 4 章,变量及其测量。本章重点介绍数据抽取、数据收集和数据分析的相关方法。

第 5 章,实证结果和分析。本章首先对问卷的信度和效度进行分析,其次对问卷进行基本的描述统计分析,最后验证第 3 章提出的企业员工持续使用行为模型,验证了各个变量之间的相互关系,同时进行了相应变量的探索和验证分析。

第 6 章,结论和展望。本章总结前面分析的结果,并根据实际情况对企业提出一些建议,同时指出研究的不足之处和进一步研究的方向。

第2章 相关研究综述

本章主要介绍电子知识库和本书所涉及的多学科知识和理论，内容包括：信息系统持续使用理论；国内外关于 EKRs 的研究概述；组织承诺理论；期望-确认理论模型以及国内外关于期望-确认模型的理论研究；个人主观规范，组织认同理论。

2.1 国内外有关信息系统持续使用的研究综述

在信息系统用户行为研究领域，使用群体对系统的接受能力一直是学者研究关注的重点，并提出多种视角的解释模型。其中影响广泛的理论包括 Oliver(1980)所提出的期望确认理论(Expectation Confirmation Model，ECM)、Davis(1989)所提出的技术接受模型(Technology Acceptance Model，TAM)，Ajzen 和 Fishbein(1980)的计划行为理论(Theory of Planned Behavior，TPB)，DeLone 和 McLean(1992)提出的 IS 成效模型(The IS Success Model)，Rogers(1995)所提出的创新扩散理论(Diffusion of Innovation，DOI)。但是这些理论和模型的研究主要集中在使用群体对信息技术的初始采纳行为，对信息技术的持续使用行为问题解释力度不够。随着信息技术的发展和普及，研究人员逐渐认识到，用户对信息系统使用后的感知和意向对于其持续使用更为重要，能够产生更大的价值。

技术接受模型(TAM)，提出的最初目的是对计算机广泛接受的决定性因素做一个解释说明，但是由于模型结构简单且实证研究价值高，该模型就广泛地应用于信息系统的初始接受和持续使用研究中。该模型的技术特性，使得众多学者结合所研究的具体技术背景和其他相关理论对该模型进行不断地补充修正，例如加入感知易用性、感知趣味性、信任感知、娱乐感知、自我效能感和计算机焦虑等内在变量以加强模型在不同研究背景下的解释力。Chia 等根据扩展后的 TPB 模型和社会认知理论来验证香港的用户初始采纳和持续使用网上银行的影响因素。该模型引入主管规范（Subjective Norm）、形象（Image）、结果可说明性（Result Demonstrability）和感知风险（Perceived Risk）作为影响感知有用性的变量，并引入计算机自我效能作为感知有用性的变量。Ifinedo 在研究大学生持续使用基于网络的学习工具（Web - Based Learning Technology）的行为时，在 ATM 模型中引入技术特征（Technology Characteristic）和用户特征（User Characteristic）两个外生变量。其中技术特征包括易于找到（Ease of Finding）和易于理解（Ease of Understanding），用户特征包括自我效能感和计算机焦虑（Computer Anxiety）。通过路径分析得出结论表明技术特征和用户特征都和感知有用性和感知易用性正相关，感知易用性对感知有用性产生显著性影响，感知有用性和系统使用均正向影响持续使用意向。信息系统采纳阶段的研究已经十分丰富和成熟，但企业信息系统是复杂的，这在一定程度上决定了用户使用行为的复杂性。然而，在过去的研究中，用户使用行为的测量多只采用使用频度、使用时间等简单的指标，它们不能充分衡量用户的实际使用行为。其次，企业信息系统采纳阶段的实证研究大多数是基于使用者个人层面的，很少基于组织层面，而兼顾使用者个人和组织层面的研究则更是少见，可以说，现有研究与企业信息系统的实际使用状况存在一定的脱节现象。

IS 成效模型是最早尝试综合地界定和评价 IS 成效的理论之一（DeLone 和 McLean，1992），IS 成效模型建立在对 IS 成效研究的综合基础上。IS 成效模型包括了六个相关的信息系统维度：系统质量、信息质量、使用、用户满意、个体影响和组织影响。模型为众多的 IS 成效测度提供了一个清晰的结构分类，并指出六个维度之间的相互关联。由于互联网对企业运作的巨大影响，IS 成效模型也进一步细化，出现了专门针对电子商务系统成效的测度。考虑到 IS 的重要性，服务质量也被引入模型，并且净收益替代了影响，因为它们可以反映 IS 正面影响和负面影响之间的权衡。在最新的模型中，它们认为是用意图可以反应态度，用来表示行为变量。其后，许多研究文献将该模型引用为理论基础，还有一些研究者对此模型进行了拓展和验证。

创新扩散理论(DOI)是由 Rogers 于 1995 年提出,早先曾多次被运用于信息系统采纳领域的研究,该理论的研究前提是将某具体的信息系统视为创新。由于该理论在信息系统采纳领域的成功运用,许多学者也借助 DOI 理论来对信息系统持续使用行为进行研究。Parthasarathy 和 Battacherjee(1998)就将 DOI 作为理论框架来对用户对在线服务采纳后行为进行研究,该研究引用了创新的其中三个特征,相对优势、复杂性和相容性,该研究假设不持续使用者初始采纳时对这三项特征的感知要低于持续使用者,通过问卷调查分析得出,持续使用者所感知到的有用性和相容性比不持续使用者更强;持续使用者所感知到的外部影响、人际影响、利用率和网络外部性也比不持续使用者更强。Shih(2008)将感知趣味性作为新的创新特征引入 DOI 理论中,构造理论模型来实证研究某中文网站的持续使用行为,该研究还创新性的将性别因素的影响进行探究,结果表明,对于男性使用群体来说,感知趣味性并不影响其持续使用意向,并相对优势对持续使用意向的影响较女性大;对女性使用群体来说,感知趣味性和持续使用意向显著性相关,此外,相容性对男女使用群体的持续使用意向来说是最强的影响因素。

计划行为理论(TPB)是 Ajzen 与 Fishbein(1980)以理性行动理论为框架加以修正提出的,该理论除了保留了理性行动理论中影响行为意图的行为态度和主观规范两种维度以外,还加入了行为控制认知(Perceived Behavior Control, PBC)。该理论假设,个人对该行为的态度越正面及对该行为认定的实际控制越多,则个人从事该行为的意图将越强,当预测的行为不完全在意志控制下时,行为控制认知可能对行为有所影响。Ajzen 的计划行为理论已经被许多学者广泛的运用于各种情境。Marcelline Fusilier 和 Subhash Durlabhji(2005)通过研究使用者经验,结合技术接受模型和计划行为理论来预测使用互联网的意图。通过问卷调查和多元回归分析和检测每个理论和使用者经验以及变量在互联网使用意图上的交互作用。Kim Ramus 和 Niels Asger Nielsen(2005)使用 TPB 理论作为理论框架来研究消费者在网络购物是对网络杂货商店的信任程度,研究结果显示,对消费者来说,网络杂货店在便利性、产品类别和价格等方面相对于传统杂货店更具有优势。Chen Chih-Chung 等在

TPB理论增加了“过去经验”和“渠道认知”两个额外变量以预测消费者的网络购物行为。通过问卷调查和多元回归分析，测量了网络购物的行为意图。

在信息技术用户行为研究领域，用户接受问题一直是被关注的焦点。许多学者对此进行研究，提出多种视角的解释模型，其中影响广泛而深远的包括技术接受模型（TAM）、理性行为理论（TRA）、计划行为理论（TPB）和创新扩散理论（IDT）。但是，这些理论和模型主要针对信息技术的用户接受进行研究，对信息技术的持续使用问题没有进行深入研究，或仅假设持续使用的影响因素与接受问题相同。随着信息技术的发展和普及，人们发现信息技术的持续使用更为重要，能够产生更大的价值，因此对持续使用的研究逐渐展开。有对接受理论模型进行修改以适应持续使用的研究，如TAM和TPB；还有针对持续使用提出新的理论和模型，如期望-确认模型（ECM－T）等（李蒙翔，2010）。

信息系统持续使用的已有研究多从认知视角出发，将持续使用归为理性判断行为，笔者认为认知判断属短期性质逻辑，而持续使用更应遵从长期性质的情感规律。基于此观点，本书围绕虚拟社区持续使用，辨析认知导向的信息系统持续使用的传统概念，提出“因参与者对虚拟社区依恋而导致长期使用行为”这一新定义，指出“从需求满足到依恋形成，再到持续使用行为倾向”的研究思路，借鉴心理学研究成果，尝试构建基于情感依恋视角的虚拟社区持续使用概念模型，阐释从需求满足到依恋情感形成的基本过程，论证情感依恋模型相对于认知判断范式的比较优势（赵欣，2012；刘倩，2014）。

陈渝等（2014）结合我国企业信息化的具体环境，实证研究习惯对用户持续使用行为的作用机理。研究结果表明，习惯对信息系统采纳后用户持续使用行为具有显著的影响，并且其在满意、系统使用方便性、系统使用重要性、便利条件及持续性承诺与系统持续使用行为之间的关系有着明显的中介作用。刘倩等（2014）对信息系统习惯对持续使用影响的研究进行了述评，提出了过程性框架。研究明晰了信息系统习惯的概念和测量，借鉴心理学有关习惯的理论研究成果，评述持续使用研究中有关信息系统习惯的前因与后果的实证研究，发展提出信息系统习惯性框架——习惯的发展过程分为形成、保持和破裂阶段，并深入分析了信息系统习惯在三个阶段不同的作用机制。最后，从研究内容和实证检验两方面为未来研究提出建议。他们认为，研究信息系统的长期生存能力和最终成功取决于用户的持续使用而不是初始接受；信息系统持续使用是指用户持续使用某个信息系统的行为模式。

传统信息系统持续使用研究，以 Bhattacherjee 等学者为首的认知学派认为持续使用是基于初次使用经验的，一系列后续是否继续使用的理性决策过程，此观点继承了初始接受研究的思路范式，是基于理性认知视角。以 Limayem 等学者为首的习惯学派则认为持续使用是一种日渐增强的习惯性行为，此观点认识到持续使用的长期性和发展性本质特征，是基于习惯视角。Guinea 等指出，传统信息系统持续使用研究忽视了习惯的作用，认为理性认知和习惯是分析持续使用的两大视角。习惯视角对持续使用的长期性、发展性特征有更深入的认知，能够在理性认知视角的研究基础上对持续使用问题做出更全面、深入的解释。Limayem 等在期望验证模型(ECT)基础上加入信息系统习惯变量及影响习惯形成的前因变量，验证了修正后模型对持续使用具有更强的解释力。该研究在评述信息系统习惯的概念与测量、理论基础和实证研究的基础上，通过对已有研究的有效整合，发展提出信息系统习惯的过程性框架——引入时间维度将习惯发展细分为形成、保持和破裂三个阶段，并就未来过程性框架的实证研究提出若干建议。信息系统习惯过程性框架的理论意义在于完全体现了习惯发展的动态趋势，相较于已有的静态横截面研究，从动态角度契合信息系统持续使用的长期性、发展性本质。过程性框架指明了信息系统习惯形成和破裂的具体路径，区分了信息系统持续使用的不同机理，是对已有研究的观点性补充。过程性框架的应用价值体现在，为管理者辨析信息系统习惯所处的阶段，及依据不同的阶段对采取干预措施影响持续使用提供了有力支持，如行为频率在习惯形成阶段发挥着重要作用，而在保持阶段则是情境诱因起到主效应；情境改变是习惯破裂最有力、最直接的原因等。但信息系统习惯过程性框架及分阶段概念模型尚有待实证检验并须不断改进。

秦敏(2014)在《现代企业员工 IT/IS 创新使用模式与机理》一书中研究 IT 采纳后个体使用行为，给出 IT 使用的概念内涵，归纳出员工 IT 使用的 6 种主要行为，并依据 Cooper 和 Zmud 的 IT 实施阶段模型对 6 种使用行为进行了分类与特征分析，基于能力提升的视角，提出并探讨了企业员工 IT 使用行为演化模式，以提升员工 IT 使用水平与 IT 能力，激发员工创新使用信息系统，提升工作绩效，更好地帮助企业获得并维持竞争优势。

邓朝华(2012)在《移动服务用户接受行为及满意度研究》一书中，以移动银行服务为例，分析了技术接受模型的可靠性和使用能力对用户接受的影响。顾立平(2013)在《型人导论——网络用户信息行为与差异化服务策略》一书中在全面梳理用户信息搜寻行为的基础上，实施用户建模与仿真的经验总结。李大玲在《学术机构知识库构建模式研究》中对学术机构知识库的理论基础进行了深入的研究，并对基于知识管理的学术机构知识库的知识组织模式、技术模式、激励模式、实现保障进行了系统研究。

国内众多研究者还以电子支付移动银行、学术博客、知乎、微信、高校移动学习系统、科研 OA 知识库、移动即时通讯服务等为研究对象，对其持续使用行为及其影响因素进行了研究。

刘彦(2009)的探究采用了当前信息系统研究领域流行的 TAM 来研究我国农村地区农民接受信息化的行为。除了保留原始的模型以外，加入了经验和可获得性两个外部变量，以期发现他们对于农民接受信息化行为的影响。结果验证了 TAM 模型在中国农村环境下整体适用性，有效地支持了 TAM 理论。但同时也发现部分结论在中国农村地区并不适用，如有用性对使用意向的影响假设没有得到支持，这与我国农村地区的经济发展水平有很大的关系。另外，结果肯定了经验和可获得性对于感知有用性和易用性的影响，从而对我国农村信息化工作有着积极的指导意义。

李武(2009)基于用户接受的分析视角，探索作为作者身份的科研人员对 OA 知识库的使用意愿以及促进或阻碍其使用意愿的影响因素。秦垚(2010)对电子支付接受行为影响因素进行了实证研究。

李蒙翔(2010)以 TPB 理论和消费者的三种角色视角为基础，对正在使用移动即时通信服务的消费者进行调查，运用问卷调查法收集了 401 份问卷数据，对数据进行分析。研究结果表明，态度和感知行为控制均显著正向影响持续使用意向，感知有用性、技术复杂度、网络外部性显著正向影响态度，主观规范对持续使用意向影响不显著，互惠对感知行为控制影响显著,这表明消费者对移动即时通信服务的持续使用意向不仅受技术方面因素的影响,还受消费者之间人际关系因素的影响。

王伟军等(2014)以 Bhattacherjee 的 ECT - IS 模型为基础,整合体验价值这一关键概念,通过在线问卷调查从科学网博客社区收集数据,利用基于 PLS 的结构方程模型,研究了学术博客持续使用意愿的影响因素。结果表明,ECT - IS 模型同样适用于学术博客情境。而体验价值对用户满意感产生不同程度的正向影响:使用者投资回报的影响最显著,其次是愉悦感和优质的服务,美感则不产生影响。

王哲(2017)探索了以“知乎”为代表的社会化问答社区用户持续使用行为的影响因素及其相互关系。研究以信息系统持续使用模型(ECM - IT)为基础,以感知有用性、感知易用性、期望确认、感知愉悦度和感知信任度为自变量,用户的满意度和持续使用意向为中间变量,用户的持续使用行为为因变量,引入习惯作为持续使用意向和行为之间作用关系的调节变量,构建知乎用户持续使用行为的结构方程模型;通过问卷调查法收集数据,利用结构方程模型统计分析软件 AMOS 21.0 分析数据。研究发现,感知愉悦度和感知信任度对知乎用户持续使用行为的正向影响最大,期望确认和感知易用性对知乎用户持续使用行为的正向影响次之,感知有用性对知乎用户持续使用行为的正向影响较小。

代宝等(2015)基于期望确认模型、社会临场感和心流体验理论,探讨了影响微信用户持续使用意愿的因素。利用结构方程模型对 308 份调查数据予以分析,结果表明:感知有用性和满意度对微信用户的持续使用意愿有显著的直接影响,而社会临场感和心流体验等用户体验因素对持续使用意愿有间接影响。

陈美玲等(2014)在 Bhattacherjee 的信息系统持续使用模型的基础上,根据移动学习的相关特性,增加感知易用性和感知移动性价值变量,构建了移动学习用户持续使用研究模型,设计问卷并以本校大学生为研究对象收集数据,利用 SPSS 18.0 统计分析软件和 Amos 18.0 结构方程模型分析软件进行信效度分析、验证模型假设,找出影响移动学习用户持续使用行为的关键性因素。

TAM 是 IS 使用研究中提出最早、影响最广的理论框架。TAM 以理性行为理论(Theory of Reasoned Action,TRA)为基础,提出感知有用性和感知易用性影响个体对某信息系统的使用意图，最终导致实际使用行为。大量研究进一步拓展该模型或验证其有效性，如 Bagozzi 与 Doholakia 于 2002 年、2004 年引入了社会认同、社会规范，Shang 等在 2005 年引入追求时尚，Lee 等在 2010 年引入感知趣味性、专注等。实证表明，感知有用性与使用意图间存在显著联系。ECM 是面向信息系统持续使用问题对 TAM 的重要修正。ECM 源于营销研究中期望-认可模型，该模型强调事后接受期望在决定信息系统使用者满意度水平方面的作用要强于事前接受期望，进而提出后续接受行为取决于初次使用后的期望证实、事后感知有用性以及由此导致的使用满意度三个因素。Limayem 等于 2003 年，Chou 等于 2010 年，Jung 于 2011 年分别验证了该模型。承诺模型是信息管理学者将 Allen 与 Meyer 的组织承诺概念引入信息系统持续使用行为研究而提出的。Malhotra 等在 2005 年考察了信息系统使用者的承诺及其对使用者行为的影响，结果表明认同、内化与情感承诺相关联，情感承诺对使用行为有积极作用。Li 等在 2006 年考察了个体对网络站点以及对网站维护者的承诺如何影响持续使用该站点的决策，结果表明情感及持续承诺都与个体的行为意图显著相关。已有信息系统持续使用模型均遵从认知判断范式，具有一定的局限性。无论是 TAM 模型的事前期望还是 ECM 模型的事后期望与证实，都属认知判断，并没有超越短期视角；相关实证研究对信息系统持续使用行为的最终解释力(即 R2)一般为 40%，亦表明了此类模型的局限性。承诺模型强调了使用者对信息系统的长期性态度即承诺的影响，但未能深入揭示承诺的形成过程，未能比较短期判断与长期承诺对持续使用行为的影响；实证表明，情感承诺与信息系统持续使用之间有较强正相关关系，这为本书后续的模型构建提供了一定基础。现有模型的局限性呼唤着理论创新，实证领域亦开始了有益尝试。

2.2 电子知识库(EKRs)研究概述

电子知识库是知识管理系统(Knowledge Management System，KMS)的重要组成部分，知识管理系统是基于信息技术用来支持和提升组织知识创造、知识储存/恢复和知识应用的一类信息系统。通用知识管理系统(KMS)架构见图 2-1(Antosova,2010)。

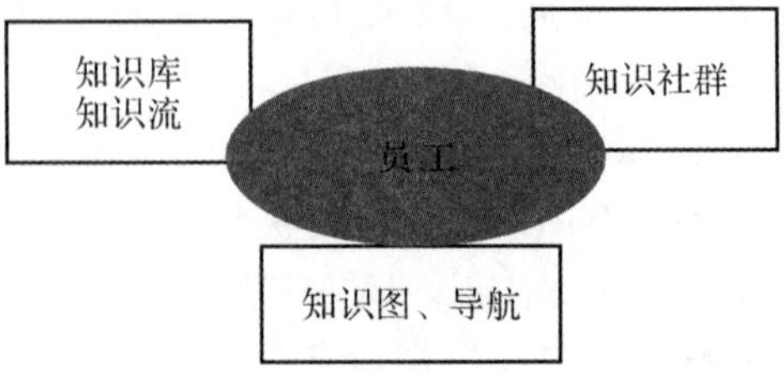

图 2-1 通用知识管理系统(KMS)架构

在以前的信息系统研究中,有两种关于知识管理系统的研究模型:库模型和网络模型。库模型着重强调知识的可整理性和可存储性,以便整理好的专业知识能得到再利用,其中一种重要的形式就是电子知识库。网络模型着重强调在人们之间通过个性化知识交换产生的联系,其中的重要形式包括知识目录,它提供了专业知识的地址以及电子讨论软件,它允许人们在模拟的社区中进行交流,彼此间互相产生影响。简而言之,库模型用来整理和应用显性知识,网络模型用来处理隐性知识的交换和分享。

2.2.1 电子知识库(EKRs)

为了更好地利用其员工掌握的知识,组织花费大量时间和金钱开发系统来捕获这些知识,以便其他员工可以组织、存储和重用。这种对组织知识的管理通常使用电子知识库(EKRs)来完成,它可以支持结构化和非结构化信息,同时促进用户之间的信息交换。随着企业寻求实时提高竞争力,知识管理"正在成为一项关键的商业学科",其中 EKRs 起着重要的作用,是公司中有效和高效实施知识管理系统的工具之一。

电子知识库作为知识管理系统的重要组成部分,他们对于企业运转和员工完成工作起着重要的作用。电子知识库在许多行业中都得到很好的应用,比如会计事务所、咨询公司、银行业等。早在 1998 年,Davenport 和 Prusak 在他们的调查中发现 80%的知识管理应用企业使用了电子知识库。电子知识库是基于计算机在线分享专业知识、经验以及某一特殊领域经过收集、整理和整合所有资源的知识文档,也被称作是企业的记忆信息系统,所有的电子知识库都具有一些基本的模块,比如,知识库、编码系统、文件访问控制途径、搜索和导航功能和其他高级功能,包括电子邮件提醒服务和评论等。特别地,它配有的搜索引擎功能使用户更加快捷有效地查找到相关的信息,电子知识库里的内容是经过整理和分类的信息,因为杂乱无章的信息会使使用者在搜索所需要的文档和知识时效率变得低下。处于不同场合的员工可以通过企业内部的局域网进入电子知识库,知识获取和分享不再受到空间和时间的限制。有效利用电子知识库,可以促进员工积极主动地寻找有用的信息解决问题,提高工作效率,推动组织内部虚拟学习环境的形成。

电子知识库可以用来存储不同形式的组织知识,包括企业外部知识、经过整理的内部知识和非正式的知识等。目前很多企业正在研究一种灵活的电子知识库解决方案,使这种方案能够包容所有形式的组织知识,现在这样一种技术正在应用于企业门户上,比如 Microsoft Share Point 利用分布式技术建造门户,员工可以通过门户内容和布局的定制和个性化以及目标受众,更快地找到相关信息。公司根据受众的公司职位、团队身份、兴趣或其他可以设置的成员规则来设定信息、程序和更新。

2.2.2 EKRs 在企业中的作用

随着对知识研究的不断深入,很多学者开始认为一个企业能够持续不断的进步在于创造、存储和应用知识,而不仅仅是科斯在《企业的性质》中所提出的企业的出现是为了降低交易成本。对于一个处在知识化、信息化时代的企业来说,其关键的竞争优势已不再单纯地取决于企业拥有的物质资本,竞争优势更多的是来自于企业对知识的有效管理和运用。知识管理的前提是要区分显性知识和隐性知识。Nonaka(1994)将知识分为显性和隐性两类,显性知识是指在不损坏信息完整性的前提下能清晰地表述出来并能较容易地被理解的知识,比如能口头表述或者用文字记载的知识。相应地,隐性知识是指那些不言而喻的,难以明确用文字表述的知识,比如人们常说的只可意会不可言传的知识。知识管理的过程就是对显性知识进行编码,对隐性知识进行外部化,以供组织所有成员共享的过程。

(1)企业通过建立一个知识库,将日常工作中大量分散的、隐含的信息集中化、显性化,随时对企业内有价值的信息进行收集、整理。通过EKRs员工能够快速地学习工作经验,有助于缩短项目周期,降低培训成本,能使新员工很快地适应工作环境。

(2)EKRs为员工提供了新的交流渠道。企业的显性知识可以通过文字或语言表述出来,那么也就能够通过正式渠道迅速地、准确地传达给其他成员。但是对于企业的隐性知识,比如工作中的诀窍、技巧之类只可意会不可言传的知识等,往往只能在一个小的、特定的群体内传播,而这些知识对于整个企业来说可能是很有价值的,这时,通过对这些知识的归纳整理,形成电子文档,收纳为EKRs内的知识模块,就可以很好地在企业内部进行传播,减少了会议或培训的时间,相对地提高了工作效率。

(3)EKRs有助于企业建立内部知识框架。企业通过对不同的、有价值的信息的分类、整理,形成不同的知识模块进行存储,从而形成适合某个组织特有的知识框架,有助于员工快速寻找到相关资料与经验,进行知识分享,有助于员工避免工作中不必要的重复,减少相同错误的重复发生。

2.2.3 EKRs研究综述

在知识经济背景下,Ivan Litvaj等的研究主要集中在知识管理及其在企业中的实施,以知识库为研究对象,描述了知识库在特定公司中的用途和在企业中可以扩展的使用方法(Ivan Litvaja,Dana Stancekovaa,2015)。

许多组织投入资金和时间来实施电子知识库(EKRs)。为了更好地实施这些系统并激励用户贡献知识,Nicole F. Velasquez等(2011)通过研究试图了解不同类型的用户如何实际使用EKRs。虽然简单化的观点可能会将个人的EKRs使用水平视为高、中或低,但更丰富、基于特征的方法使我们能够更全面地了解EKRs的使用情况。为了实现这一目标,论文通过对财富500强公司108名系统管理员的调查,开发了EKRs采用概况的经验分类法,得到三种EKRs用户类型:热心的知识寻求者、深思熟虑的知识提供者和不情愿的非采用者，他们在知识寻觅行为和背景方面是截然不同的。

Azadeh Rezvania 等(2017)利用变革型领导理论和 IS 连续性(ISC)模型，提出了一种理论模型，研究不同类型的领导行为影响企业系统成功的影响机制。从 192 位企业系统用户收集的数据证实了他们的理论。研究发现，监管者的变革型领导行为会影响用户对满意度和感知有用性的评价，而交易型领导行为会通过调节用户满意度和感知有用性来影响用户的企业系统持续性意图。该研究进一步研究了监管者领导行为在企业系统价值中的作用。还通过提出有效的策略来促进实践，这些策略可以促进企业系统等关键任务系统的持续使用，并为企业的 IT 投资提供价值。

Azadeh Rezvania 等(2017)研究采用自我决定理论(SDT)和信息系统的验收后模型来提出一个概念模型，通过调查 299 位 ERP 用户处收集的数据并进行实证检验，研究变革型和交易型领导风格如何影响用户的内在和外在动机，从而通过用户满意度和感知有用性来影响 ERP 持续使用意向。结果表明，变革型领导力对 ERP 用户的激励不同于交易型领导力，用户满意度和感知有用性是 ERP 继续使用意向的重要指标。此外，我们的研究表明直接管理者的领导风格在 ERP 实施阶段的有着关键作用。

Vincent Cho 等(2009)提出了一个基于技术接受模型(TAM)和期望不确定理论的扩展框架，将个人、社会和环境因素作为附加变量，重新审视技术的持续使用。研究表明，在用户继续使用电子学习工具的背景下，除了用户满意度和感知有用性之外，自我效能、系统服务支持和社会压力是影响技术持续使用的重要因素。

知识贡献者和知识寻求者之间的显性知识帮助组织中员工的知识共享。但是，在以前采用 KRS 的研究中仍然缺乏对如何降低感知风险和提高个人动机的深刻了解。Chung-Hung Tsai 等(Chung-Hung Tsai ，Dauw-Song Zhu ，Bruce Chien-Ta Ho ，Desheng Dash Wud，2010)学者从了社会-心理-技术视角，将降低感知风险的社会因素(信任和组织支持)整合进入激励模型(MM)并开发了一个评估和分析技术与社会、心理和行为间相互作用的综合框架。提出的框架经过528名在中国台湾医院任教者的调查验证，表明降低了感知风险的社会因素、个人化动机因素和技术质量因素是影响KRS被接受的三个关键因素。换句话说，技术、社会和心理方面会同时影响KRS的行为意图。而且，心理因素是技术、社会和行为因素的重要调解变量。调查结果可能会被用作未来研究的理论基础，并为管理者评估KRS的绩效提供经验性预见。

在现代竞争的组织环境中，越来越多的组织实施知识管理举措以实现战略优势。EKRs实施经常导致信息量的快速增加，这些信息每天必须由员工处理。这引起了对信息过载（IO）的担忧，对于使用分配技术的现代EKRs而言尤其如此。此外，员工因为履行知识寻求者和知识贡献者的双重职能，也可能因为贡献超载（CO）而遭受损失。Gee-Woo Bockde等（Gee-Woo Bock，Mimrah Mahmood，Sanjeev Sharma和Youn Jung Kang，2010）的研究采用认知失调理论来确定IO和CO是否会影响员工使用EKR的意愿。调查结果来自144名调查对象一手实证证据，表明贡献超载会对继续使用EKR的意图产生直接和显著的负面影响，而信息过载则总通过感知有用性和对系统的满意度的改变对继续使用EKR的意图产生间接和显著的负面影响。

针对信息复杂性和地理位置使得分享知识在制造业中变得越来越困难的问题，Chhim等（Chhim，Peter Panha，2016）利用多元理论观点，通过EKRs对KRU进行了定量研究，并确定了预测更大KRU的几个社会技术因素。这些因素以前没有通过EKRs在KRU的背景下建模，因此这些结果增加了该领域的理论和实践意义。此外，KRU结构还与期望-确认模型（ECM）的最终结果相关联。通过这种观点，该研究定量验证了KRU不仅预测了更高的性能，而且还提高了知识共享和使用的持续性。其次，该研究通过开发基于本体的整体设计和过程扩展了EKRs的制造能力。这项研究提出了DPFO、设计和流程功能本体论，一种互联的行业知情方法，通过连接两者的关键概念，帮助弥合设计和流程知识之间的差距。结果表明，通过提供丰富而准确的查询结果，改进了知识回忆的方法。同样，使用独立查询和联合查询来有效剔除此互连域的复杂性的能力是对传统关键字和关系数据库方法的增强。最后，该论文还提出了对整体知识管理的更广泛的组织管理建议，提供了几种实用且顺序合理的知识管理方法。

借鉴社会认知理论和认知评价理论，Oo Tha 等（Oo Tha，Khet Khet，2010）提出了一个理论模型，采用反馈、奖励和沟通等环境因素，以及感知知识自我效能和自尊等个体动机，来解释人在电子知识库中贡献知识的持续行为。

EKRs 的成功取决于其内容的质量。要将知识存储在 EKRs 中，必须捕获它。捕获过程的一个关键部分是评估所识别的知识是否应该包含在 EKRs 中。因此，为了提高 EKRs 的质量，必须成功地执行捕获过程的评估阶段。基于解释性田野研究和广泛的文献综述，L. Aggestam 等（Aggestam L.，Backlund P.，Persson A.，Jennex M. E.，2012）的研究在评估阶段确定并描述了关键成功因素（CSF），并给出支持评估阶段实施的指南，旨在提高 EKR 的质量。特别是，该指南支持决定是否应该存储已识别的知识，并强调执行评估的正确性、相关性、保护和冗余。捕获过程的特征主要有助于知识管理理论，以及对知识管理实践的指导。

Kelly J. Fadel（Kelly J. Fadel，Alexandra Durcikova，2014）认为电子知识库的组织价值取决于它为用户提供高质量知识的程度，实施验证程序可以监控和确保提交内容的质量，但是，如果员工认为验证过程不合理或不公平，则验证会产生阻碍员工贡献的意外影响。借鉴组织公正和公平文献，Kelly 的研究表明，质量认知和贡献行为都受到认知的程序公平感的积极影响，而感知的程序公平又受到感知信息和人际公平的影响。

Alexandra Durcikova 等（Alexandra Durcikova，Kelly J. Fadel，2016）将关键知识库（KR）特征和心理气候与 KR 知识采集行为联系起来，通过来自 7 家公司的 110 名技术支持代理的调查数据对假设进行了验证。结果表明，可搜索性（在 KR 中发现知识）、可操作性（将检索到的知识应用于解决问题）和对知识贡献的支持是预测其使用的 KR 的特征。此外，这些关系中的两个由知识工作者感知有利于 KR 知识采集的气氛（高度自治、高创新和低工作压力）的程度来调节。

通过对文献的总结分析，学者对电子知识库的研究领域划分为知识贡献行为（knowledge contribution behavior）和知识获取行为

(knowledge seeking behavior),研究的模型也是在用户的贡献或者获取行为模型上验证和发展而来,比如社会资本理论,社会认知理论和技术任务适配模型理论等。Kankanhalli 等(2005a)对知识贡献行为进行了研究,他们的模型把企业内部和外部的成本利益、情景因素(比如信任、规范)和认可度作为影响因素,外部利益包括组织回报、形象、相互关系,内部利益包括知识的本身效能、用户帮助他人的愉悦感。结果表明,内部利益因素直接影响着 EKRs 的使用而外部利益因素受到情景因素的阻碍。Tsai 和 Ghoshal 在其研究中提出知识分享的三个维度,信任、共同愿景和社会互动关系,并得出该三个关键因素均显著影响员工知识贡献效率。King 和 Marks (2008)认为组织支持与否也是影响知识贡献的原因之一。在 EKRs 的知识获取领域研究中 Kankanhalli 等(2005b)学者的研究表明,对知识获取行为影响的直接因素是感知到的输出质量、感知易用性、知识分享规范、资源有效性和激励有效性;其中感知到的输出质量包括相关性、可靠性和知识获取者获取知识的及时性;其中感知到的输出质量正向影响 EKRs 的使用行为,当任务比较明确时,资源有用性正向影响用于知识获取的 EKRs 使用,而任务相关性较高时,激励有效性正向影响 EKRs 的使用,感知易用性可能对其影响不是很明显。另外,Bock 等(2006)对知识获取的研究表明协作规范通过降低未来获取知识的消极影响来正向影响使用者的知识获取行为。对 EKRs 的研究综述见表 2-1。

表 2-1　EKRs 研究综述

作 者	方 法	研究内容	理论背景/研究因素
Wasko 和 Fraj (2005)	实证调查 (N=604)和内容分析	电子网络实践过程中的知识分享	社会资本理论: 认知资本(对专业知识的自我评价;在该领域的任期) 结构资本(向心性) 关系资本(承诺,相互性) 社会交换理论: 个人动机(声望,享受助人乐趣)

续表

作 者	方 法	研究内容	理论背景/研究因素
Kankanhalli 等(2005)	实证调查(N=150)	电子知识库知识贡献行为	社会资本理论： 普遍信任、前期共享规范、鉴别 社会交换理论： 成本(知识权利的损失，编纂成本) 外在收益(形象，相互性组织报酬) 内在收益(知识自我效能，享受助人乐趣)
Bock 等(2006)	实证调查(N=134)	电子知识库知识获取行为	社会资本理论： 协作规范 社会交换理论： 成本(感知易用性，未来义务) 外在收益(感知有用性) 内在收益(获取者知识增长) 计划行为分解理论： 感知行为控制(自我效能，资源便利状况)
Kankanhalli 等(2005)	实证调查(N=160)	电子知识库知识获取行为	技术任务匹配： 任务依赖性，任务内隐性 技术接受模型： 感知易用性 计划行为理论： 激励有效性，资源可用性，输出质量感知，知识系统规范
Hsu 等(2007)	实证调查(N=274)	虚拟社区知识共享行为	社会认知理论： 知识分享自我效能，个人结果预期，与社区相关的结果预期 信任理论： 基于经济的信任，基于信息的信任，基于认同的信任

续表

作者	方法	研究内容	理论背景/研究因素
Wu 和 Wang (2006)	实证调查 (N=204)	企业电子知识库知识获取和知识贡献	信息系统成效模型： 系统质量，知识/信息质量，EKRs感知收益，使用者满意度
King 和 Marks (2008)	实证调研 (N=169)	知识管理系统下的知识贡献	社会交换理论： 组织支持 代理理论： 监管控制
Tung-Ching 和 Chien-Chih Huang (2009)	实证调研 (N=194)	企业电子知识库知识获取和知识贡献	社会资本理论： 社会互动组带，信任和共同景园 社会认知理论： EKR 自我效能 技术任务适配模型： EKR 特点，技术任务适配性

注：N 是样品量。

2.3 国内外关于影响组织承诺因素的研究综述

承诺的概念于19世纪中期在法约尔(Fayol,1949)的管理理论中出现。他认为组织要达成其利益就必须经常关注员工个人以及员工群体的利益。在另一条与承诺相关的管理理论中，他强调了工作任期的重要性。他认为较长的工作任期可以给雇员提供充足的时间去理解他们所担负的工作责任，从而使他们产生连续的工作行为，促进工作妥善完成。

韦伯(Weber)在组织架构和官僚性对组织目标实现的作用研究中开始出现组织承诺的初期概念。Weber 认为，组织需要建立合理的职业结构、正式规定以及公平的报酬体系以保证员工对组织目标的认同。不过，在此期间，Weber 还没有注意到个人对责任的需求与承诺，以及个人对家庭的需求与承诺。

Burns 和 Stalker(1966)在研究中提到,为了应对复杂多变的外部环境,组织需要拥有大量对组织、工作任务高度承诺的雇员。同时他们也意识到,雇员不但对工作团队具有责任感和承诺,而且对他们的职业也具有责任感和承诺,高绩效的管理者会不断地向员工传达积极的工作态度,使雇员能够为组织和组织目标的实现持续付出高投入的工作,并在此过程中对组织和组织目标产生组织认同。

随着传统工业组织心理学的发展,组织承诺的独立概念开始于 20 世纪中后业出现,并且已经在一些研究中以因变量或结果变量出现。在组织承诺研究领域早期的研究中,“承诺的焦点”以及“承诺的稳定性”受到了学术界的广泛关注。到了 20 世纪 70 年代,关于承诺的理论研究已经逐步扩展,但是对承诺概念的澄清并没有产生突破性的进展。

1960 年,Becker 在“单边投入理论”中首次提出“承诺是与组织成员有关的报酬与成本的函数,当员工在组织中的服务年限、薪酬等增加时,承诺也随之明显增加”。之后,Porter (1974)提出,“组织承诺是员工对组织的一种感情依赖,而绝非由于单方面投入太多,或担心失去养老金等福利原因而不愿离开组织”。Etzioni(1961)提出,员工的工作投入可以分为三类:道德的(Moral)、算计的(Calculative)、离间的(Alienative)。研究结果表明,当自利行为的成员对组织的规则、价值观产生内在化认同时,纯粹的道德投入就会产生;当其他社会团体(比如工作团队,内在的或外在的顾客、供应商或者管理团队)给予员工压力的时候,基于社会道德的工作投入就可能会产生。这些学者提出的组织承诺概念内容虽然不同,但都属单维结构。1984 年加拿大学者 Meyer 和 Allen 在前人研究的基础上提出“感情承诺”和“继续承诺”的两因素理论,组织承诺的概念开始出现多维结构。这两位学者分别于 1990 年和 1991 年进一步把组织承诺发展为感情承诺、继续承诺和规范承诺三维结构,提出组织承诺三因素理论并检验了模型(Allen, Meyer,1990),见图 2-2。情感承诺,即由于员工对组织目标的认同和深厚的感情,而对企业组织形成忠诚并努力工作的程度;持续承诺,即员工为不失去已有职位和多年投入所换来的待遇而不得不继续留在该组织工作;规范承诺,即员工受社会责任感和社会规范约束而形成的一种承诺感。Meyer 等(1993)对组织承诺的三个维度进行了一个形象的描述，认为具有高情感承诺的员工想留在组织内是因为他们想要如此；具有高持续承诺的员工想留在组织内是因为他们需要如此；具有高规范承诺的员工想留在组织内是因为他们觉得应该要如此。Meyer 与 Allen 的三因素组织承诺模型的提出，产生了广泛的影响，成为目前西方学者广为接受的组织承诺概念。

然而组织承诺作为一种工作态度，必然受到组织成员所处的组织文化和社会文化的影响，不同国家因国情、制度和文化的不同，其职工的组织承诺行为既有共性成分，也存在着差异性或特殊性。2000 年，中国学者凌文辁等提出中国职工组织承诺的五维结构模型，即感情承诺、规范承诺、理想承诺、经济承诺和机会承诺，见图 2－3。2001 年，凌文辁等经实证研究发现，一个人的承诺类型并不只是由一个基本承诺类型决定，而是由多个基本承诺类型组合而成，即五种基本承诺类型之间存在着一些新的组合。这些组合是感情-规范承诺、感情-理想承诺、感情-经济承诺、规范-理想承诺以及经济-机会承诺。该研究揭示中国职工的组织承诺行为究竟由哪些因素构成，揭示了不同承诺类型员工的工作行为表现和影响因素。

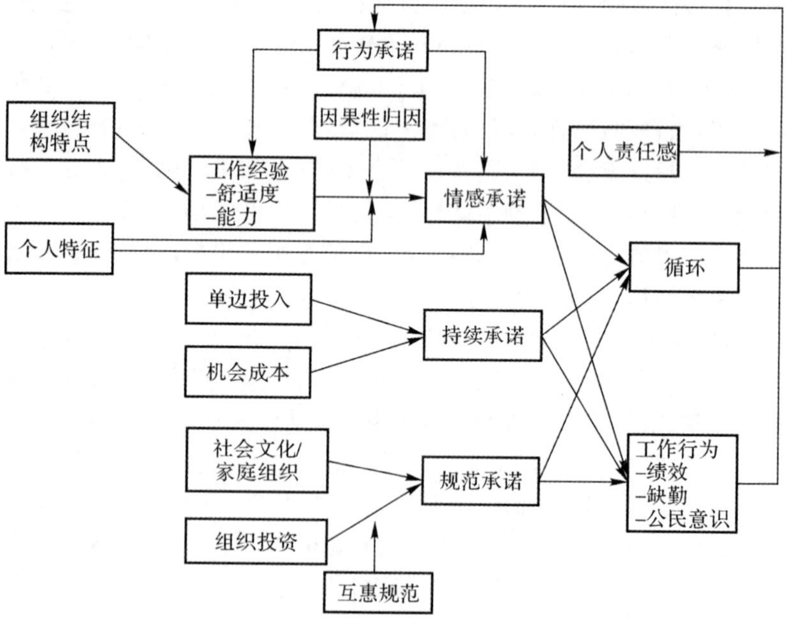

图 2－2 Meyer 与 Allen 的三维结构组织承诺模型

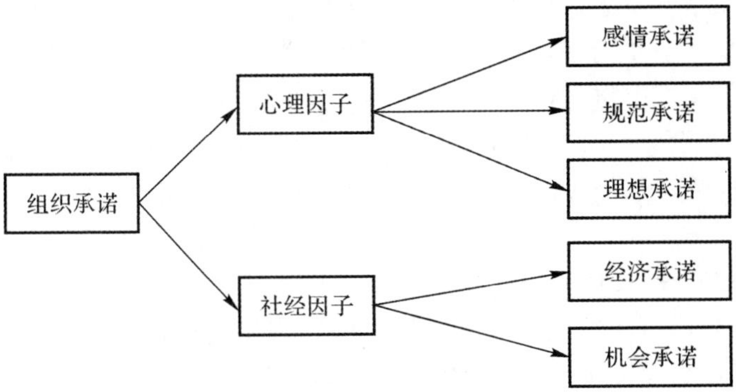

图 2-3 中国职工组织承诺的五维结构模型

2.4 期望-确认模型(ECM)

期望-确认理论最早应用于消费者行为领域,主要针对消费者的初始购买行为(满意度)和购买后行为进行研究,后来学者 Bhattacherjee (2001)将 ECM 理论运用到信息系统持续使用的研究。该理论认为使用群体对某种信息系统的持续使用决策和消费者重复购买某种产品或服务决策类似,考虑到初始接纳行为和持续使用行为的潜在差异性,作者对早期的期望确认模型进行修正,认为用户对信息系统持续使用意向受到使用者满意度、期望确认度和感知有用性(系统采纳后期望)三个因素影响,得到了适用于信息系统持续使用的期望确认模型,见图 2-4。

但该模型存在一个不足之处,即模型只解释了用户的持续使用意向,并没有研究用户的持续使用行为。

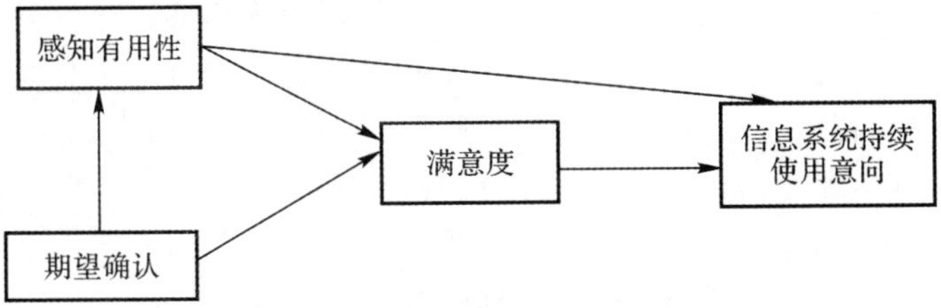

图 2-4 经过改造的 ECM 模型结构图

通常情况下意向可以认为是行为的代表，但是意向并不完全等同于行为。Limayem 等(2007)的研究弥补了这一缺陷，研究习惯(Habit)在信息持续使用中作用时，在期望认知模型中加入持续使用行为。研究表明，无论有没有习惯变量的调节作用，持续使用意向和持续使用行为都是显著相关的；习惯变量越强，持续使用意向对持续使用行为的预测性就越弱。

除此之外，还有一些研究对 ECM 模型进行了扩展。Hong 和 Lee (2005)通过整合 ECM 理论和 TPB 理论，构建了包含习惯、感知转换成本、质量的双重标准、满意度和行为态度变量的持续使用模型，Hsu 和 Yen 等学者整合 ECM 理论和计划行为理论，研究了持续使用网上购物行为，证实了感知行为控制对持续使用意向的影响。国内的一些学者如赵向异(2007)、盛玲玲(2008)等通过使用 ECM 模型分别验证了政府网站平台、移动电子商务等信息系统的持续使用行为并得出相应的研究结果。Hong 和 Lee(2005)在 Triandis 模型的基础上整合 ECT 理论和 TPB 理论，构建了包含习惯、感知转换成本(Perceived Switching Cost)、质量的双重标准、满意度和行为态度变量的持续使用模型。Lee 等(2007)基于互动理论(Interaction Theory)和文化透视模型(Cultural Lens Model)，提出新的模型来研究文化因素在移动网络服务持续使用中的作用。Kim 和 Son(2009)借鉴社会交换理论(Social Exchange Theory)，提出关于在线服务的采纳后行为存在两种机制等。

2.5 主观规范理论

主观规范(Subjective Norm)最早出现在理性行动理论中，之后学者 Ajzen 与 Fishbein 在个人行为研究中，以该理论为构架提出计划行为理论(TPB)，计划行为理论依然保留了主观规范这个维度。主观规范表示个人感受到特定参考团体对于采取或不采取行为的压力，亦即在预测他人的行为时，那些对个人的行为决策具有影响力的个人或团体(salient individuals or groups)对于个人是否采取某项特定行为所产生影响作用的大小。当主观规范愈高，表示受到社会压力愈高或是依从意愿愈高，则行为意图愈高。反之，当主观规范愈低，表示受到社会压力愈低或是依从意愿愈低，则行为意图愈低。例如，当组织成员参与学习的原因，可能是因为领导的压力导致，也可能是组织内部学习气氛导致。

在有关主观规范的研究文献中，主要关注的是对个人主观规范影响因素的研究。由上述可知，主观规范包括两方面：一是个人对参与某一特定行为价值偏好的感知；二是个人对是否实行一个特定行为的社会压力的感知。在社会心理学和个人心理学领域，一个重要特征就是社会行为的决定因素分为个人因素和社会环境因素。内部影响要考虑个人因素在内，比如工作单位硬性规定、工作特点等。外部影响则包括同事、朋友、大众媒体等对个人行为的影响。

在信息系统实证研究中发现，某些研究结果认为主观规范没有对使用者的意向产生正向影响，但有些研究则发现主观规范与使用意向有显著的正向关系（Hartwick 和 Barki，1994；Tylor 和 Todd，1995b；Bahatherjee，2000）。经过仔细分析，学者 Cialdini，Kallgren 等认为导致主观规范-意向关系弱的主要原因是主观规范的概念定义不能很好地反映社会对个体行为的影响。在计划行为理论中主观规范反映的是个体对社会压力的心理感知，而社会压力很难直接通过是否顺从他人意愿获得，因此在使用主观规范作为中间变量对行为进行测量时，对其概念进行准确定义是非常重要的。

2.6 组织认同理论

组织认同一直是组织行为学领域里的一个重要研究课题。组织认同起源于社会心理学的社会认定（social identity）和文化认定（cultural identity），社会认定是指个体对于组织的成员身份、价值观和情感维系方面的认知，文化认定是指个体对于所属文化及文化群体形成的归属感（sense of belonging）和内心承诺（commitment）。Riketta 于 2005 年在三种视角下对组织认同的定义进行了分类：①从认知角度出发，Ashforth 将组织认同定义为个体对于组织成员感、归属感的认知过程，它体现了个人与组织在价值观上的一致性（congruence）（Ashforth B. E.，Mael F. A.，1989）；②从情感角度出发，O'Reilly 将组织认同定义为成员出于对组织的吸引和预期，进而保持在情感上的某种自我定义（O'Reilly C.，

1986)；③从社会学角度出发，Tajfel 把组织认同定义为个体由于具有组织成员身份从而产生的一种自我定义，由于这种成员身份产生了价值观上的一致和情感上的归属(Riketta M.,2005)。

Mowday 等(1974)将组织认同视为组织承诺(organizational commitment)的一个要素。大量的研究表明，组织认同与工作满意度、动机、绩效、组织忠诚、合作行为和组织公民行为显著相关，组织认同会通过对个体的认知和情感的影响来进一步影响个体的行为。此外，组织认同具有较强的路径依赖性，因此具有竞争对手难以模仿的特性，势必成为企业竞争优势的主要来源。Bergami 和 Bagozzi(2000)的研究表明，组织认同会对组织承诺产生显著影响(Bergami M.和 Bagozzi R. P.,2000)。Dukerich 等(2002)的研究表明，组织认同的强度会对组织内部合作产生显著影响。Dick 等(2004)对组织认同与工作满意度间的关系进行了研究，他们将组织认同分为认知、情感、评价和行为四个维度，从个人生涯、团队、组织和职业四个层面进行研究。结果表明，生涯认同与团队认同中的“评价”维度可显著提升工作满意度；学校认同和职业认同中的“情感”维度也可显著提升工作满意度。

大量的研究表明，组织认同与工作满意度、动机、绩效、组织忠诚、合作行为和组织公民行为显著相关，组织认同会通过对个体的认知和情感的影响来进一步影响个体的行为。此外，组织认同具有较强的路径依赖性，因此具有竞争对手难以模仿的特性，势必成为企业竞争优势的主要来源。Bergami 和 Bagozzi(2000)的研究表明，组织认同会对组织承诺产生显著影响。Dukerich 等(2002)的研究表明，组织认同的强度会对组织内部合作产生显著影响。

综上所述，国外学者信息系统持续使用模型的研究是在不断扩展的，呈现出研究视角多元化、研究结果趋于一致的状态，而国内研究相对来说是滞后的，模型的扩展和运用也较为有限。

第3章
研究模型与研究假设

3.1 模型影响因素分析

3.1.1 组织承诺对企业EKRs使用情况影响分析

在组织承诺研究领域中，其研究方向主要分为四类：一是研究组织承诺的因果变量，一般认为影响组织承诺的因素主要有组织特征、工作特征和员工个体特征等；二是研究承诺的指向，即承诺焦点，它可能是员工对直接上司的承诺，也可能是对工作团队或者是对整个组织的承诺；三是研究承诺的构成，即承诺的结构是一维的还是多维，如Meyer和Allen将组织承诺划分为感情承诺、持续承诺和规范承诺；四是研究承诺的形成过程，公平感、工作稳定性和信任被认为是促成组织承诺形成的重要因素。

本书认为组织承诺是员工对企业的一种态度，它可以解释员工为什么要留在这个企业，也可以解释员工为了留在这个企业而采取的相对应的行为。它除受契约法规的制约和工资福利等经济因素的影响外，还受到价值观念、道德规范、理想追求、感情因素、个人能力、个人兴趣和个人人格特点的影响。

根据以上分析，企业员工使用EKRs的因素是多样的，在使用电子知识库的企业中，影响员工形成EKRs承诺的因素也有不同的类型，由于决定因素的多样性，组织承诺的心理结构也是多维的。根据以上分析，本书从员工心理维度出发，结合承诺的形成过程，提出三维的承诺结构，即情感承诺、算计承诺和道德承诺，认为这三种承诺会影响企业员工对EKRs承诺的形成。

3.1.2 个人主观规范对企业EKRs使用情况影响分析

通过上述文献的分析,个人主观规范会对个体的行为产生影响。主观规范包括两个方面,一个是个人对参与某一特定行为价值偏好的感知,另一个是个人对是否实行一个特定行为的社会压力的感知。在社会心理学和个人心理学领域,一个重要特征就是社会行为的决定因素分为个人因素和社会环境因素。在电子知识库的使用过程中,影响企业员工使用电子知识库的因素也分为两种,一种为内在因素,主要包括使用电子知识库能够给自身带来的收益,例在知识获取过程中可以通过搜索引擎快速便捷的搜寻到自己需要的相关知识,同时,处于不同场合的企业员工可以通过企业内部的局域网进入电子知识库,或者通过相应的权限(ID),即使不在企业内部局域网下,也可以登录到企业电子知识库中,知识获取和分享不再受到空间和时间的限制,也包括在知识共享过程中获得的自我效能感;另外一种因素为外在因素,根据主观规范的定义,外在影响因素主要来自于个人对是否实行一个特定行为的社会压力的感知。在电子知识库的使用过程中,这种外在的压力主要来自于上级的命令、同事的建议,或者公司的硬性政策等,对于不执行该项行为的员工,其在心理上或者经济上会受到一定的影响。综合以上分析可以得出,员工的个人主观规范会对企业EKRs承诺的形成产生影响。

3.1.3 企业EKRs感知有用性

在信息系统使用的研究中,期望确认理论、技术接受理论、技术创新理论等,均包含感知有用性变量,在很多的实证研究中也证实了感知有用性对满意度的正向影响。有用性是信息系统研究领域内的一个重要变量,感知的有用性(perceived usefulness)反映一个人认为使用一个具体的系统对他工作业绩提高的程度,企业员工在电子知识库的使用过程中,其中一个重要的参考因素即为知识库的有用性,通过对知识库相关搜索,从中可以获取自己需要的信息或者知识,进而提高自己的工作效率。企业员工在感知到从电子知识库中可以获取提高自己工作效率的相关知识/信息后,会影响对知识库的使用行为,同时也会影响到对电子知识库承诺的形成,因此,笔者认为感知有用性会对EKRs满意度、EKRs承诺、

EKRs 持续使用行为产生影响。

3.1.4 期望确认

通过 ECM 模型可以看出，当用户使用某信息系统之前会在心里对其产生一个心理预期，在使用该信息系统之后，用户则会将使用过信息系统之后的感知和未使用之前形成的期望对比，获得自己的确定性经验(确认度)。由于确认度表明了信息系统使用的期望收益，所以期望确认度可以用来作为影响用户满意度的变量，而未得到确认的使用感知则表示了该使用体验未能满足预先期望，期望确认变量在不同的信息系统使用环境中运用 ECM 模型均得到了实证研究的测试。

在 EKRs 研究中，企业员工的期望确认度将表示员工在使用过 EKRs 之后所获得的期望收益，因此期望确认度将会对企业员工对 EKRs 所产生的满意度产生影响。在 ECM 模型中，期望确认变量会对用户的感知有用性变量产生影响，在本书中，企业员工会因为不确定能否通过使用 EKRs 来获得相应的收益，该阶段也是企业员工初始感知有用性不稳定的阶段，因此在本书中也将感知有用性变量纳入期望确认变量的影响范围内。

3.2 企业电子知识库持续使用模型构建

在以往 IS 持续使用的研究中，最常见的测量变量依然是使用者持续使用的行为意图，持续使用行为被视为行为意图的函数(Hong 等，2006；Premkumar 和 Bhattacherjee，2008)。按照 TAM、推理行为和计划行为理论，行为会直接受到个人行为意图的影响(Ajzen，1991；Davis，1989；Fishbein 和 Ajzen，1975；Venkatesh，2003)，如果使用者持续使用 EKRs 的意图是正向的，则可以预期使用者将会表现出持续使用 EKRs 的行为，因此，本书测量的最终变量为 EKRs 使用意图。

在第 2 章相关研究综述中，本书对组织承诺理论、期望-确认理论等进行了概述，并对相关变量进行了理论探讨，最终以整合的期望-认可模型与承诺模型为研究视角，并在模型中加入了个人主观规范、组织认同、个体对 EKRs 认可等变量，构建了企业电子知识库(EKRs)持续使用模型，研究影响企业员工持续使用 EKRs 动机的根本因素，并探讨这些因素又如何作用于影响持续使用的动机，见图 3－1。

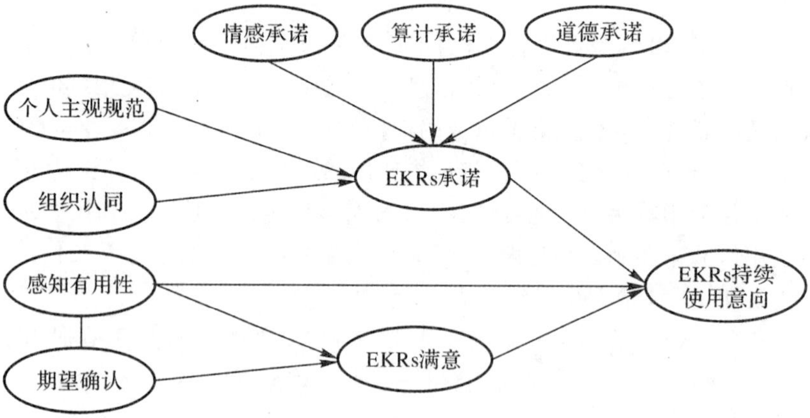

图 3－1　企业员工电子知识库持续使用模型

3.3　变量定义

本书框架中的概念包括企业员工电子知识库（EKRs）持续使用意向，使用电子知识库企业员工组织承诺、感知有用性、期望确认和满意度，其有下述定义。

3.3.1　企业员工电子知识库（EKRs）持续使用意向

持续使用意愿（Continuance Usage Intention）是指信息系统使用者想要重复参与已使用过的信息系统的意愿（Ajzen 和 Fishbein，1980；Mathieson，1991；Bhattacherjee，2001b）。本研究的定义为，企业员工在使用电子知识库之后，想要继续使用的意图（见表 3－1）。

表 3－1　EKRs 持续使用意向变量定义

变　量	定义描述	参考来源
EKRs 持续使用意向	企业员工对使用 EKRs 之后，想要继续使用的意图	Ajzen 和 Fishbein，1980；Bhattacherjee，2001

3.3.2 EKRs 承诺

通过第 2 章理论的分析，组织承诺是员工对企业的一种态度，能够解释员工为什么要留在某企业，也可以解释员工为了留在某企业而采取的相对应的行为。组织承诺的形成除受契约法规的制约和工资福利等经济因素的影响外，还受到价值观念、道德规范、理想追求感情因素及个人能力、兴趣和人格特点的影响。企业员工在使用电子知识库的过程中，如果能形成对 EKRs 的使用承诺，则会通过对 EKRs 的持续使用，即知识贡献和知识获取行为，最终获得内在收益或者外在收益。通过对承诺形成因素的分析，从心理角度和社会角度出发，本书将对 EKRs 承诺的形成因素分为情感承诺、算计承诺和道德承诺三种维度，见表 3－2。

(1)情感承诺：情感承诺是指个体对组织的认同程度。员工由于对组织价值观、目标的认同和深厚的感情，而对组织所形成的忠诚并努力工作的程度，主要是指对组织有深厚的感情，而非物质利益。本书对情感承诺的定义为企业员工由于对 EKRs 认同和知识投入，而对 EKRs 产生感情并依赖的程度。

(2)算计承诺：算计承诺的形成在商业组织中较常出现，与工作投入关联比较紧密，反映的是员工与组织间基于交换的关系。在这种关系中，成员经常会权衡他们给予组织的利益以及组织带给他们的回报。本书对算计承诺的定义为企业员工在使用 EKRs 过程中所获得的内部或外部收益的程度。

(3)道德承诺：道德承诺是指员工在所受的价值观念、道德规范下对企业的忠诚程度，这个因素反应的是员工对企业的心理变化。本书对道德承诺的定义为企业员工在个人价值观或社会道德规范的影响下对企业 EKRs 产生的工作投入。

表 3－2 EKRs 承诺变量定义

维 度	定义描述	参考来源
感情承诺	企业员工由于对 EKRs 认同和知识投入，而对 EKRs 产生感情并依赖的程度	Allen, N. J. Meyer(1990,1991)

续 表

维 度	定义描述	参考来源
算计承诺	企业员工在使用 EKRs 过程中权衡所获得的内部或外部收益的程度	Allen, N. J. Meyer(1990,1991)
道德承诺	企业员工在个人价值观或社会道德规范的影响下对企业 EKRs 产生的工作投入	Allen, N. J. Meyer(1990,1991) Jaros 等(1993)

3.3.3 满意度

以 ECM 的角度来看，Oliver(1980)将满意度定义为与期望认知差异的评价以及对产品的认知绩效；依据 Oliver(1981)的定义，满意度为对先前消费经验的感受所形成的期望与现在消费产品或服务的实际绩效是否符合所产生的心理状态，本研究的定义为企业员工对使用 EKRs 之后对该系统的综合评价，见表 3-3。

表 3-3 满意度变量定义

变 量	定义描述	参考来源
满意度	企业员工对使用 EKRs 之后对该系统的综合评价	Oliver(1980,1981) Venkatesh 等(2003)

3.3.4 组织认同

学者从认知角度、情感角度等对组织认同进行了定义，其中有 Ashforth(1989)将组织认同定义为个体对于组织成员感、归属感的认知过程，它体现了个人与组织在价值观上的一致性(congruence)；O'Reilly(1986)将组织认同定义为成员出于对组织的吸引和预期，进而保持在情感上的某种自我定义；Tajfel(2005)把组织认同定义为个体由于具有组织成员身份从而产生的一种自我定义。根据以上分析，本研究将组织认同定义为采用电子知识库(EKRs)的企业员工对所在企业产生归属感的过程，见表 3-4。

表 3-4 组织认同变量定义

变 量	定义描述	参考来源
组织认同	采用电子知识库(EKRs)的企业员工对所在企业产生归属感的过程	Ashforth(1989) Ashforth(1989) O'Reilly(1986) Tajfel(2005)

3.3.5 个人主观规范

主观规范表示个人感受到特定参考团体对于采取或不采取行为的压力，亦即在预测他人的行为时，那些对个人的行为决策具有影响力的个人或团体(salient individuals or groups)对于个人是否采取某项特定行为所发挥的影响作用大小。本书将个人主观规范定义为企业员工在使用EKRs过程中受到主观和客观因素的影响程度，见表 3-5。

表 3-5 主观规范变量定义

变 量	定义描述	参考来源
个人主观规范	企业员工在使用EKRs过程中受到主观和客观因素的影响程度	Ajzen 和 Fishbein (1980) Bahatherjee(2001) Ajzen 和 Fishbein (1985,1989) Hartwick 和 Barki (1994); Tylor 和 Todd (1995b); Bahatherjee (2000)

3.3.6 感知有用性

在信息系统研究领域，不同学者均将感知有用性归纳为模型研究变量，并提出了不同的定义。其中使用最多的定义为：使用者主观认为使用此信息系统可以增加本身工作的绩效。因此，本书将感知有用性定义为企业员工主观上认为使用 EKRs 能够提高自己的工作绩效，见表 3-6。

表 3-6　感知有用性变量定义

变 量	定义描述	参考来源
感知有用性	企业员工主观上认为使用 EKRs 能够提高自己的工作绩效	Rogers(1995) Bhattacherjee(2001)

3.3.7　期望确认

在 ECM 模型中，Oliver(1980)认为期望确认度是用户相对于他最初的预期对感知到的绩效的评估。在市场领域，消费者会对欲购买的产品或服务的表现，形成一个购买前的期望，该期望会影响消费者对产品的态度和购买倾向。购买后，消费者会根据实际使用的经验，对产品的绩效产生认知。本书将期望确认定义为企业员工使用 EKRs 后评估期感知绩效以确定 EKRs 的期望是否得到确认，见表 3-7。

表 3-7　期望确认变量定义

变 量	定义描述	参考来源
期望确认	企业员工使用 EKRs 后评估期感知绩效以确定 EKRs 的期望是否得到确认	Bhattacherjee (2001)

3.4　研究假设的提出

3.4.1　持续使用意向

在信息系统用户行为研究领域，使用群体对系统技术的接受能力一直是研究关注的重点。许多学者对此进行研究，提出多种视角的解释模型。其中影响广泛的理论包括 Oliver 提出的期望-确认模型(Expectation Confirmation Theory, ECT)，Davis 所提出的技术接受模型(Technology Acceptance Model, TAM)，Rogers 提出的创新扩散理论，Ajzen 和 Fishbein 的计划行为理论(Diffusion of Innovation, DOI)。

在以前的信息系统持续使用研究中，多数模型的因变量是用户持续使用意向(Intention)，且学者通过不同的模型理论进行实证研究得出结论，行为和行为意向相关。在本书中如果企业内部人员对持续使用EKRs的意向是正向的，那么该人员被认为会持续使用EKRs，因此在模型构建中使用持续使用意向作为研究的因变量。

3.4.2 EKRs承诺

组织承诺是员工对企业的一种态度，它可以解释员工为什么要留在某企业，也可以解释员工为了留在某企业而采取的相对应的行为。在本书的模型构建中，将EKRs作为企业员工的一个承诺焦点，如果企业员工在使用电子知识库的过程中形成对EKRs的使用承诺，则他们会通过对EKRs的持续使用，即知识贡献和知识获取行为，最终获得内在收益或者外在收益。根据以上分析，企业员工使用过程中形成的EKR承诺会影响企业员工的EKRs持续使用意向。因此，本书提出假设：

H1：EKRs承诺正向影响EKRs持续使用意向。

3.4.3 EKRs满意度

在信息系统使用行为研究领域里，满意度很早就被作为一个重要的变量来研究行为意图，Murray和Howat(2002)的研究认为，满意度是对先前经验感受所形成的期望与现在使用产品或服务的实际绩效是否相符合所产生的一种心理状态，顾客满意对行为意愿具有直接的影响。Line Lcrvik Olsen(2002)认为，越高的顾客满意度会有越高的顾客忠诚度，即两者有正向的影响关系，而满意度会显著影响重复的购买行为或继续使用的意图。在前人的研究中，用户对信息系统持续使用意向主要由他们以前使用该信息系统的满意度所决定的。同理，电子知识库是企业内部的信息系统，为企业员工提供知识服务，企业员工对EKRs的满意度越高，那么越有可能持续使用该信息系统。因此，本书提出假设：

H2：EKRs满意度正向影响EKRs持续使用意向。

3.4.4 感知有用性

感知有用性是指使用者主观认为使用此信息系统可以增加本身工作

绩效的程度。在技术接受模型中,感知有用性对用户的使用意向有直接的影响作用,在初始接纳阶段,用户的感知有用性多来自于他人的看法、外部或者内部的影响(如媒体或者朋友亲人的影响)等,Gefen,Chan 等学者通过该模型验证了感知有用性对其他变量的影响(2003)。在初始采纳阶段之后,企业员工会对使用 EKRs 有直观的感受,采用感知有用性变量测试员工使用后的满意度会更加的稳定和可靠。在期望-确认模型中,感知有用性代表了用户采纳后的期望,该变量被认为用户对信息系统采纳后继续使用的一个重要的动机,并且通过该理论模型也验证了感知有用性会对持续使用意向产生影响,因此满意度可以视为信息系统采纳后阶段的态度之一。我们提出以下假设。

H3:感知有用性正向影响 EKRs 持续使用意向。

H4:感知有用性正向影响 EKRs 满意度。

3.4.5 期望确认

期望确认度是用户相对于他最初的预期对感知到的绩效的评估。由于期望确认度表明了信息系统使用的期望收益,所以期望确认度能够正向影响使用者的满意度,即使用者对该信息系统的期望确认度越高,则对该信息系统越满意;如果未得到确认(disconfirmation)则表示使用者未能通过该信息系统满足期望。同样,该变量在不同的信息系统持续使用模型理论中均经过实证检验的测试。在 EKRs 的研究中,企业员工对该信息系统的确认度表示了员工在使用 EKRs 过程中获得的期望收益。通过以上的分析我们提出以下假设。

H5:期望确认正向影响 EKRs 满意。

H6:期望确认正向影响感知有用性。

3.4.6 个人主观规范

主观规范表示个人感受到特定参考团体对于采取或不采取行为的压力,行为的主观规范是个人执行某一行为时,认为其他重要关系人(important others)是否会同意他的行为;亦是指个人从事某特定行为预期所受的压力。由以上定义可知,主观规范包括个人对参与某一特定行为价值偏好的感知和个人对是否实行一个特定行为的社会压力的感知两方面。在社会心理学和个人心理学领域，一个重要特征就是社会行为的决定因素分为个人因素和社会环境因素。内部影响要考虑个人因素，比如工作单位硬性规定、工作特点等。

如前文所述，企业员工在使用 EKRs 时，会受到来自内部和外部的影响，外部影响主要包括同事、朋友、公司的规章制度等；内部影响主要包括使用者个人的价值观或偏好等。企业员工在使用 EKRs 的过程中会潜移默化的对 EKRs 形成一个承诺的焦点，使用或者不使用 EKRs 会对员工心理上产生一定的影响，因此主观规范包含的内部因素和外部因素可作为对 EKRs 形成承诺的一个影响因素。基于此，本书提出假设：

H7：主观规范正向影响 EKRs 承诺。

3.4.7 组织认同

组织认同定义很多，学者 Riketta 将不同种类的定义划分为认知角度、情感角度和社会学角度。本书通过对以上三种角度的定义分析，并结合本书的研究对象，最终采用国内学者魏钧、陈中原、张勉对组织认同的定义：个体源于组织成员身份的一种自我构念，它是个体认知并内化组织价值观的结果，也是个体在归属感、自豪感和忠诚度等方面流露出的情感归依（魏钧等，2007）。认同是一种社会结构，这种结构为特定受众设计了“身份”，使其具有与组织一致的自我构念。组织承诺强调接受组织价值观并表现出为组织效力的行为；组织认同强调基于归属感的自我定义，两者的联系在于都需要企业员工与组织在价值观和目标上保持一致，需要员工对组织表现忠诚。企业员工为完成相应的工作目标和实现与组织价值观相匹配，在使用 EKRs 过程中会形成以 EKRs 为焦点的承诺，基于此，本书提出假设：

H8：组织认同正向影响 EKRs 承诺。

3.4.8 企业员工承诺

用户承诺是指用户从所有之前的经历中所累积的心理感知并因心理感知对行为意向的相对持久的影响。在本书中，采用 Allen 和 Meyer 的承诺理论，该理论在信息系统持续使用研究中得到了广泛的应用。这两位学者将组织承诺发展为感情承诺、算计承诺和道德承诺三维结构。三种承诺诠释了用户在使用信息系统时想要做什么、需要做什么和应该做什么。本书将运用承诺的三因素模型进行验证。

情感承诺是指用户在情感上依附于信息系统，与实施信息系统的目标相一致，用户愿意使用信息系统（张俊等，2013）。基于对 EKRs 的情感依附感，企业员工与该信息系统的交互作用是较为深层次的，员工更有可能在使用该系统的过程中进一步探寻系统的新特征和使用方法，以提高其工作绩效，完成工作目标。在这个过程中，企业员工有可能会潜意识的将 EKRs 作为一个焦点对其形成承诺。因此，本书提出假设：

H9：情感承诺正向影响 EKRs 承诺。

算计承诺也被叫作持续承诺，与用户放弃使用该信息系统所遭受的损失相联系。用户在使用某信息系统过程中会投入一定的时间和精力，同时会收到系统所带来的回报。在这个过程中，用户会对持续使用该信息系统产生一种心理认知，当用户认为停止使用该信息系统的成本（如经济成本、机会成本、学习成本等）高于系统所带来的回报时，算计承诺就会出现。如果企业采用的信息系统较为复杂，那企业员工就需要投入大量的时间和精力学习，假如企业员工停止使用该系统，其前期的投入都将付诸东流。因此，企业员工对 EKRs 的投入促使其产生强有力的心理刺激，保证他们继续使用 EKRs。因此，本书提出假设：

H10：算计承诺正向影响 EKRs 承诺。

道德承诺是指员工在所受的价值观念、道德规范下对企业的忠诚程度，这个因素反映的是员工对企业的心理变化。学者 Lin 的研究表明道德承诺对于信息系统持续使用意向具有正向的影响作用（Lin H.，2008）。在 EKRs 的研究过程中，使用者基于他们对信息系统使用的信念和价值可能会对其形成一种责任感，这种基于道德的责任感有可能会对员工使用 EKRs 产生影响，企业员工对 EKRs 的责任感越强，则员工形成对 EKRs 承诺的可能性就越大，通过以上分析，本书提出假设：

H11：道德承诺正向影响 EKRs 承诺。

通过对上述变量之间关系的讨论，现将所有研究假设总结如下，见表3-8。

表3-8 假设总结

假设	
H1	EKRs 承诺正向影响 EKRs 持续使用意向
H2	EKRs 满意度正向影响 EKRs 持续使用意向
H3	感知有用性正向影响 EKRs 持续使用意向
H4	情感承诺正向影响 EKRs 承诺
H5	算计承诺正向影响 EKRs 承诺
H6	道德承诺正向影响 EKRs 承诺
H7	个人主观规范正向影响 EKRs 承诺
H8	组织认同正向影响 EKRs 承诺
H9	感知有用性正向影响 EKRs 满意
H10	期望确认正向影响 EKRs 满意
H11	期望确认正向影响感知有用性

第4章 变量及其测量

调查问卷的设计是实证研究的基础,数据是实证研究中验证假设和解决问题的重要部分,作为基础,调查问卷的设计就起到了至关重要的作用。问卷调查法主要通过内容明确、表达清晰的调查问卷,请被调查对象根据个人实际情况进行填写,从而收集研究所需数据的方法。本书将通过问卷调查进行前期相关数据的收集,并对该数据进行统计分析来验证上文所提出的研究假设。

4.1 变量的操作化定义与测量

本书所设计的变量包括 EKRs 持续使用意向感知有用性、EKRs 承诺、EKRs 满意度、情感承诺、算计承诺、道德承诺、期望确认、组织认同和个人主观规范。下述分别针对各个变量进行操作化定义。每个问题都采用 Likert 五级量表,从非常不同意到非常同意来加以衡量,其中"非常不同意"为 1 分、"不同意"为 2 分、"无所谓"为 3 分、"同意"为 4 分、"非常同意"为 5 分。其中标记 R 的问题为反向计分。

4.1.1 EKRs 持续使用意向

在操作上,本书参考 Bhattacherjee 的问卷量表设计,再依研究设计情境加以适当的修改,测量题有 3 项(见表 4-1)。对持续使用意愿变量的测量采用 Likert 五级量表计分,分数越高者,表示受测者越认同该题所描述的情形;分数越低者,表示受测者越不认同该题所描述的情形。

表4-1 持续使用参考量表

企业员工 EKRs 持续使用意向	在未来,我计划继续使用该 EKRs 系统	Bhattacherjee (2011)
	在未来,我仍打算使用该 EKRs 系统	
	如果可以,我想终止使用该 EKRs 系统(R)	

4.1.2 EKRs 承诺

在操作上,本书参考 Porter 和 Mowday 的问卷量表设计,再依据研究设计情境加以适当的修改,以对企业 EKRs 实际使用为基础,对量表进行修改,最终得出测量题4项(见表4-2)。对 EKRs 承诺变量的测量采用 Likert 五级量表计分,分数越高者,表示受测者越认同该题所描述的情形;分数越低者,表示受测者越不认同该题所描述的情形。

表4-2 EKRs 承诺参考量表

EKRs 承诺	我愿意花比一般期望大的努力来丰富 EKRs 知识内容	Porter 和 Mowday (1979)
	我会和朋友说 EKRs 是一个值得使用的信息系统	
	当我告诉别人我在使用 EKRs 时会感到很骄傲	
	EKRs 确实在工作表现方面激起了我最佳的工作状态	

4.1.3 EKRs 满意度

在操作上,本书根据 Oliver(1980)在期望确认模型中对满意度概念的定义,并参考 Bhattacherjee 的问卷量表设计,再依本研究对象的实际情景加以适当地修改,测量题有4项(见表4-3)。对 EKRs 满意度变量的测量采用 Likert 五级量表计分,分数越高者,表示受测者越认同该题所描述的情形;分数越低者,表示受测者越不认同该题所描述的情形。

表 4－3　EKRs 满意度参考量表

EKRs 满意度	在使用过 EKRs 后，我感到非常的满意	Bhattacherjee (2011)
	在使用过 EKRs 后，我感到很喜欢该信息系统	
	在使用过 EKRs 后，我感到非常的满足	
	在使用过 EKRs 后，我感到非常厌烦(R)	

4.1.4　情感承诺

在操作上，本书参考凌文辁、张治灿、方俐洛(2000，2001)和 Allen，N. J. Meyer(1990，1991)的问卷量表设计，再依调查对象心理感知情境加以适当的修改，测量题有 4 项(见表 4－4)。对情感承诺变量的测量采用 Likert 五级量表计分，分数越高者，表示受测者越认同该题所描述的情形；分数越低者，表示受测者越不认同该题所描述的情形。

表 4－4　情感承诺参考量表

情感承诺	我喜欢与他人分享使用 EKRs 系统的优点	凌文辁、张治灿、方俐洛等 (1998，2000，2001)；Allen，N. J. Meyer (1990，1991)
	我对 EKRs 系统感情很深	
	我愿意为 EKRs 做任何知识贡献	
	我很容易对 EKRs 系统产生依赖	

4.1.5　算计承诺

在操作上，本书参考 Allen，N. J. Meyer(1990，1991)的问卷量表设计，再依据调查对象心理感知情境加以适当的修改，测量题有 3 项(见表 4－5)。对算计承诺变量的测量采用 Likert 五级量表计分，分数越高者，表示受测者越认同该题所描述的情形；分数越低者，表示受测者越不认同该题所描述的情形。

表 4-5 算计承诺参考量表

算计承诺	停止使用该 EKRs 系统可能会受到损失	Allen 和 Meyer (1990,1991)
	停止使用该 EKRs 系统会有相当大的个人牺牲	
	即使我想停止使用 EKRs 系统,但是现在停止下来也很困难	

4.1.6 道德承诺

在操作上,本书参考 Allen, N. J. Meyer(1990,1991)的问卷量表设计,再依实验的设计情境加以适当的修改,测量题有 4 项(见表 4-6)。对道德承诺变量的测量采用 Likert 五级量表计分,分数越高者,表示受测者越认同该题所描述的情形;分数越低者,表示受测者越不认同该题所描述的情形。

表 4-6 道德承诺参考量表

道德承诺	我觉得使用 EKRs 是我的义务	Allen 和 Meyer (1990,1991)
	我觉得如果停止使用 EKRs 我会有罪恶感	
	我觉得使用 EKRs 是我的责任	
	我不会停止对 EKRs 的使用,我对该系统负有责任	

4.1.7 个人主观规范

本书参考 Ajzen 和 Fishbein 和 Lin 的问卷量表设计,再依实验的设计情境加以适当的修改,测量题有 4 项(见表 4-7)。对个人主观规范变量的测量采用 Likert 五级量表计分,分数越高者,表示受测者越认同该题所描述的情形;分数越低者,表示受测者越不认同该题所描述的情形。

表 4-7　主管规范参考量表

个人主观规范	我会受同事的影响而使用 EKRs	Ajzen 和 Fishbein (1980) Lin(2006)
	我会受公司制度的影响而使用 EKRs	
	我会受领导意见影响而使用 EKRs	
	我会因为个人价值观的影响而使用 EKRs	

4.1.8　组织认同

在操作上，本书参考的 Fred Mael 和 Blake E. Ashforth (1992)问卷量表设计，再依实验的设计情境加以适当的修改，测量题有 4 项(见表 4-8)。对组织认同变量的测量采用 Likert 五级量表计分，分数越高者，表示受测者越认同该题所描述的情形；分数越低者，表示受测者越不认同该题所描述的情形。

表 4-8　组织认同参考量表

组织认同	当有人批评我所在的组织的时候，我会产生一种侮辱感	Fred Mael 和 Blake E. Ashforth (1992)
	当我谈论我所在的组织时候，通常情况下我会用“我们的组织”而不是“他们的组织”	
	组织的成功就是我的成功	
	当社会舆论赞扬我所在的组织时，我会感到像是在赞扬我自己	

4.1.9　感知有用性

在操作上，本书参考 Bhattacherjee(2011)的问卷量表设计，再依心理感知情境加以适当的修改，测量题有 3 项(见表 4-9)。对感知有用性变量的测量采用 Likert 五级量表计分，分数越高者，表示受测者越认同该题所描述的情形；分数越低者，表示受测者越不认同该题所描述的情形。

表 4-9 感知有用性参考量表

感知有用性	使用 EKRs 能够提高我的工作效率	Bhattacherjee(2011)
	我觉得使用 EKRs 在我的工作中非常有用	
	使用 EKRs 使我的工作变得非常容易	

4.1.10 期望确认

在操作上,本书参考 Bhattacherjee(2011)的持续使用模型研究中的问卷量表设计,测量题有 3 项(见表 4-10)。对感知有用性变量的测量采用 Likert 五级量表计分,分数越高者,表示受测者越认同该题所描述的情形;分数越低者,表示受测者越不认同该题所描述的情形。

表 4-10 期望确认参考量表

期望确认	使用 EKRs 的体验比我想象中的要好	Bhattacherjee(2011)
	EKRs 提供的服务水平比我想象中的要好	
	总体来说,使用 EKRs 过程中的期望大多数都得到了确认	

4.2 实证研究设计

本书试图找出影响企业员工持续使用 EKRs 系统的主要因素,并通过实证研究揭示各因素与持续使用意图的内在联系以及各因素间的相互影响关系。通过前文理论基础的分析,提取组织承诺、EKRs 满意度、感知有用性、组织认同、期望确认和个人主观规范等变量作为影响企业员工对 EKRs 持续使用意向的重要因素。要达到这样的研究目的,最重要的是要选取一个合适的统计分析方法。通过对相关文献的分析借鉴和研究的实际情况,本书决定选取结构方程模型(Structural Equation

Modeling, SEM)为本书的统计分析方法。

本节主要明确研究结构方程模型的性质,完成问卷设计和问卷初测,然后确定数据的抽取、收集和分析方法,并通过问卷调查完成数据收集,为下一步进行实证研究打下基础。

4.2.1 研究结构方程模型的性质

本书研究的性质为实证研究,通过对日常工作中出现的问题进行观察,文献阅读、理论分析、提出问题和假设、构建概念模型,并通过实证调查对所提出的研究假设进行检验。

本书首先根据相关理论(信息系统持续使用理论、期望确认理论、组织承诺理论)以及前人的相关研究,构建了企业员工 EKRs(电子知识库)持续使用模型,并以该模型为基础,提出了若干假设,包括个人主观规范、组织承诺、组织认同、期望确认、情感承诺、算计承诺、道德承诺、满意度和持续使用意图之间的假设关系。本书接下来的主要工作是通过问卷调查收集所需的研究数据,并对所收集的数据进行统计分析和处理,来验证模型中所提出来的假设关系。在统计调查中,限于时间关系和接触范围广度的限制,本书主要是使用电子问卷法和互联网问卷法来收集数据。

4.2.2 问卷设计

(1)初稿设计。

问卷调查法被广泛应用于社会行为的研究,本书也采用问卷调查法进行数据收集。设计问卷时,本书先对研究变量进行操作化定义以完成量表设计。

调查问卷分为两个部分,第一部分部分为企业员工基本资料和员工使用 EKRs 的基本情况等问题。第二部分为问卷主体部分,在该部分中,本书参考和分析国内外的相关研究文献,归纳影响移动企业员工对 EKRs 持续使用的因素,将期望确认理论以及组织承诺理论作为研究架构和问卷的理论基础,各研究变量的定义与测量均参考相关文献的量表,并且尽可能引用参考文献中信度与效度良好的量表,量表的尺度统一使用 Likert 五级量表。

(2)问卷测试和修改。

在问卷设计完成后,进行了问卷测试。进行问卷测试的目的是修正问卷中题目语意表达不清的情况,进而避免误答,影响问卷的信度与效度。问卷中的量表除了参考国内外已经研究成熟的量表外,还征求了相关学术专家及企业管理人员的意见,并对问卷进行数次修改后形成最终调查问卷,最后邀请已工作的学长共 10 位测验者对问卷进行了试答。在完成测试后,依照试答者的建议,对问卷中存在歧义和表述不清的题目加以修改,并请试答者再次确认,最终完成正式问卷的设计。

4.2.3 数据抽取和收集

本书把使用过 EKRs 的企业员工作为研究对象,他们大多来自于服务业(如咨询、会计事务所、银行等)。信息系统的应用在中国已经比较广泛,如企业资源计划系统(ERP)、客户管理系统(CMS)和知识管理系统(KMS)等。但是相对来说知识管理系统,尤其是电子知识库在企业中的应用还没有得到足够的重视,应用还不是很成熟,本书选取使用过 EKRs 系统的咨询服务业、大型制造业和科研系统的企业员工作为调查对象。由于时间和研究资源的限制,所使用的抽样方法为随机抽样,根据自愿原则和匿名的形式,并承诺绝对保密,样本数据仅应用与研究,以消除被调查者的心理顾虑,确保信息来源的可靠性。本书问卷分别通过第三方的网络平台进行推送和邮件推送两种形式进行问卷收集。最终问卷共收回 223 份,剔除无效问卷 12 份,有效问卷共 211 份。

4.2.4 数据分析方法

结构方程模型(SEM)是一种融合了因素分析和路径分析的多元统计技术,它的强势在于对多变量间交互关系的定量研究。在近 30 年内,SEM 大量地应用于社会科学及行为科学的领域里。为验证研究假设和理论模型,本书使用 SPSS 18.0 和结构方程模型统计分析软件对问卷调查获得的数据进行统计分析,分析中用到的统计分析方法包括描述性统计分析、信度和效度检验及结构方程模型分析等。

(1)描述性统计分析。

通过描述性统计分析来了解样本的数据结构，包括研究对象性别、年龄、教育背景、职业、工龄以及调查对象使用 EKRs 的时间等，并使用平均数和标准差等对各潜变量的测量题项进行了描述。

(2)信度与效度分析。

信度(reliability)即测量的可靠性，是指测量结果的一致性。调查问卷的信度是指问卷调查结果所具有的一致性、稳定性及可靠性程度。本研究使用最常用的检测信度的方法克朗巴哈系数(Cronbach's α)，它能很好地反映出测量项目的内部一致性程度。本书首先采用修正题项的总相关系(Corrected-Item Total Correlation，CITC)来分析净化问卷的测量题项，然后使用克朗巴哈系数来检测问卷的信度。

效度(validity)即测量的正确性，是指测量工作或测量手段能够准确测出所要测量变量的程度，一般情况下分为内容效度、结构效度、效标效度、聚合效度和区分效度等(吴明隆，2009)。内容效度(content validity)是指测量内容或测量指标与测量目标之间的适合性和逻辑相符性，提高内容效度主要是通过文献研究和专家咨询的方法。本书问卷设计前进行了文献研究，问卷设计过程中又充分听取和吸收了组织行为学领域的学术专家及企业管理人员的意见和建议，并对问卷进行数次修改后形成最终调查问卷，因此可认为本书中对各项变量的衡量具有较高的内容效度。结构效度(construct validity)是指测量工具能够测得一个抽象概念或特质的程度，一般可通过验证性因子分析对建构效度进行检验。本研究通过对问卷的题项进行验证性因子分析，对结构效度进行检验。通常情况下对结构效度的检验分为聚合效度和区分效度，聚合效度(Convergent Validity)是指运用不同测量方法测定同一变量时测量结果的相似程度，对聚合效度可以通过对潜变量采取平均抽取方差(Average Variance Extracted, AVE)来检验。区分效度(Discriminant Validity)指在应用不同方法测量不同变量时，所观测到的数值之间应该能够加以区分。对区别效度的检验可以通过潜变量的 AVE 值的平方根是否大于潜变量之间相关系数来判定。效标效度(Criterion Validity)是指用不同的几种测量方式或不同的指标对同一变量进行测量，并将其中的一种方式作为准则(效标)，用其他的方式或指标与这个准则作比较，如果其他方式或指标也有效，那么这个测量即具备效标效度。在结构方程模型中，校标效度指的是各个潜变量之间的关系。在本书中主要考察问卷的结构效度。

(3)结构方程模型分析方法。

结构方程模型是用来检验关于观察变量和潜变量及潜变量与潜变量之间架设关系的一种多种变量统计分析方法,即以所收集数据来检验基于理论所建立的假设模型。本书以结构方程模型检验第3章提出的理论模型,并进一步修正理论模型。

(4)方差分析。

方差分析是一种假设检验的方法,用于检验单一因素影响的一个或几个相互独立的因变量各因素水平组均值之间的差异是否具有统计意义,也就是判断它们是否来自于同一总体;也可以用来分析该因素的若干分组中任何一组与其他各组均值之间是否具有显著性差异,从而进行均值的多重比较。本书将采用方差分析研究一个控制变量的不同水平是否对总观测变量产生了显著影响。本书问卷的第一部分采集到的是被调查者的基本信息,由于问卷为第三方随机推送,所以样本数据随机且相互独立。本书将采用独立样本T检验分析不同性别、年龄、教育程度、工作部门、在企业的工作时间和使用电子知识库时间等具有显著社会人口统计学特征的因素,并将其作为调节变量,检验各个调节变量对企业内部员工电子知识库持续使用意向是否产生显著性影响。

4.3 小样本测试

小样本预调研的主要目的是通过对调研样本数据的分析,考察已设计问卷的有效性,删除信度不高或冗余的测量题项,从而优化问卷设计。本书采用修正题项的总相关系数(Corrected-Item Total Correlation, CITC)来分析净化问卷的测量题项,利用克朗巴哈系数来检验量表的信度。对于CITC系数小于0.4,或删除该题项后可以增加克朗巴哈系数的题项,进行删除处理。而在量表信度要求方面,Guielford(1965)认为,当克朗巴哈系数大于0.7时表示信度很高,小于0.35信度很低需删除。本书以克朗巴哈系数达到0.7为筛选标准,利用SPSS18.0对本研究收集到的数据进行分析,具体分析结果见表4-11。

由表4-11的分析结果可以看出,问卷测量题项除MC1题项的

CITC 系数小于 0.4 之外，其余题项均大于 0.4。根据问卷题项筛选的标准，需将 MC1 题项删除，题项删除后该变量的克朗巴哈系数由原来的 0.751增加为 0.776，问卷整体的克朗巴哈系数由原来的 0.935 增加为 0.937。同时，各量表的整体克朗巴哈值都在 0.7 以上，满足了信度要求。可见，本书所设计的测量量表具有一定的可靠性，可以进行支持下一步的大样本调研。

表 4-11　小样本问卷克朗巴哈系数信度测量汇总表

变 量	问题选项	校正的项总体相关数	删项后的克朗巴哈系数	克朗巴哈系数
有用感知	USE1	0.640	0.933	0.845
	UES2	0.621	0.934	
	USE3	0.654	0.932	
期望确认	CON1	0.640	0.932	0.839
	CON2	0.667	0.931	
	CON3	0.550	0.934	
满意度	SAT1	0.561	0.934	0.773
	SAT2	0.755	0.931	
	SAT3	0.621	0.934	
	SAT4	0.454	0.935	
情感承诺	AC1	0.720	0.930	0.838
	AC2	0.701	0.931	
	AC3	0.610	0.934	
	AC4	0.665	0.932	
算计承诺	CC1	0.538	0.934	0.728
	CC2	0.622	0.933	
	CC3	0.519	0.934	

续表

变 量	问题选项	校正的项总体相关数	删项后的克朗巴哈系数	克朗巴哈系数
道德承诺	MC1	0.235	0.939	0.751
	MC2	0.430	0.935	
	MC3	0.654	0.934	
	MC4	0.531	0.934	
主观规范	SN1	0.601	0.934	0.722
	SN2	0.432	0.935	
	SN3	0.431	0.935	
	SN4	0.443	0.935	
组织认同	OI1	0.567	0.934	0.759
	OI2	0.578	0.934	
	OI3	0.481	0.935	
	OI4	0.485	0.935	
EKRs承诺	EC1	0.711	0.931	0.836
	EC2	0.587	0.934	
	EC3	0.710	0.931	
	EC4	0.731	0.931	
持续使用意向	CUI1	0.720	0.931	0.817
	CUI2	0.576	0.934	
	CUI3	0.545	0.934	
问卷总体的克朗巴哈系数值为:调整后增加为0.937				

第5章 实证结果和分析

5.1 问卷描述性统计分析

数据处理和统计分析过程通常是从基本统计量的计算和描述开始的，通过计算样本的均值、样本标准差、最大值、最小值范围等基本统计量来把握数据的基本特征和整体的分布形态。对大样本调研收集的有效问卷进行描述性统计分析，目的是从总体上把握样本对象的分布情况及基本信息。本书的操作步骤参考了吴明隆的《问卷统计分析实务——SPSS操作与应用》有关问卷的描述性分析，主要包括：①频数分析，分析样本的分布结构；②计算变量的平均数以描述数据的趋势分布，分析样本的最大值最小值以及标准差来描述数据的离散情况。

本书对调研样本从受调研人员的性别、年龄段、教育背景、工作性质、工作时间以及使用电子知识库的时间等几个角度进行了描述性统计分析，具体结果见表5-1。从数据上可以看出，样本中男女比例分别为54.5%和45.5%，符合我国目前男女比例的情况；从年龄分布来看，被调查样本对象年龄集中在35岁以下，35岁以下的被调查对象占到总样本数的95.3%；教育程度中样本对象几乎都是本科以上学历，其中研究生及以上的教育背景占到了64%，这个情况和笔者引进知识管理系统的时间大致相符；工作部门的分布除技术部门30.8%之外，其余部门的分布相对来说较为平均；在企业的工作年限中，工作5年以下的比例占到了95.7%，而在使用电子知识库的时间上，使用EKRs年限为1年以下的占到六成左右，随着使用时间的增加，所占的比例开始减少，这也说明电子知识库的使用在中国相对来说还不够成熟，符合我国目前的EKRs发展水平。根据以上对基本描述和分析，调研数据基本满足本书的要求。

表 5-1 样本对象的背景资料分析

变量	选项	次数	百分比/(%)	累计百分比/(%)
性别	男	115	54.5	54.5
	女	96	45.5	100
年龄范围	25岁及以下	96	45.6	45.6
	26～35岁	105	49.7	95.3
	36～45岁	6	2.8	98.1
	46岁及以上	4	1.9	100
教育背景	高中及以下	1	0.5	0.5
	大专	2	1	1.5
	本科	73	34.5	36
	研究生及以上	135	64.0	100
工作部门	技术部门	65	30.8	30.8
	财务部门	28	13.3	44.1
	市场部门	26	12.3	56.4
	人力资源部门	39	18.5	74.9
	生产部门	29	13.7	88.6
	其他	24	11.4	100
工作年限	1年以下	109	51.7	51.7
	1～2年	64	30.3	82.0
	3～5年	29	13.7	95.7
	6～10年	6	1.4	97.2
	10年以上	3	2.8	100
使用电子知识库时间	1年以下	129	61.1	61.1
	1～2年	50	23.6	84.8
	3～5年	20	9.4	94.3
	5年以上	12	5.6	100

在对所有有效问卷进行汇总分析之后，本书利用 SPSS 18.0 对企业电子知识库(EKRs)持续使用行为问卷题项进行描述性统计分析和正态分布检验，一般认为，当偏度绝对值小于 2，峰度绝对值小于 5 时，表明样本基本上服从正态分布。测量题项的最大值、峰度、偏度等描述性统计结果见表 5 - 2。结果显示，各数值比例偏度绝对值均小于 2，峰度绝对值均小于 5。各测量条款的值基本服从正态分布，可以进行下一步分析。

表 5 - 2　样本数据的描述性统计

	样本量	最小值	最大值	平均值		方差	偏度		峰度	
	统计数值	统计数值	统计数值	统计数值	标准误差	统计数值	统计数值	标准误差	统计数值	标准误差
USE1	211	2.00	5.00	3.938	0.045	0.430	−0.141	0.167	−0.098	0.333
UES2	211	2.00	5.00	3.924	0.046	0.451	−0.481	0.167	0.697	0.333
USE3	211	2.00	5.00	3.773	0.049	0.510	−0.428	0.167	0.248	0.333
CON1	211	2.00	5.00	3.777	0.049	0.498	−0.230	0.167	−0.030	0.333
CON2	211	2.00	5.00	3.725	0.053	0.591	0.007	0.167	−0.526	0.333
CON3	211	2.00	5.00	3.768	0.048	0.484	−0.422	0.167	0.306	0.333
SAT1	211	1.00	5.00	3.720	0.059	0.726	−0.641	0.167	0.561	0.333
SAT2	211	2.00	5.00	3.834	0.052	0.568	−0.660	0.167	0.519	0.333
SAT3	211	2.00	5.00	3.768	0.053	0.589	−0.279	0.167	−0.187	0.333
SAT4	211	1.00	5.00	3.289	0.065	0.902	0.369	0.167	−0.593	0.333
AC1	211	2.00	5.00	3.929	0.047	0.466	−0.544	0.167	0.782	0.333
AC2	211	2.00	5.00	3.531	0.054	0.612	0.017	0.167	−0.399	0.333
AC3	211	2.00	5.00	3.635	0.050	0.528	−0.367	0.167	−0.024	0.333
AC4	211	2.00	5.00	3.536	0.055	0.631	−0.118	0.167	−0.410	0.333
CC1	211	2.00	5.00	3.521	0.058	0.708	−0.116	0.167	−0.559	0.333

续表

	样本量	最小值	最大值	平均值		方差	偏度		峰度	
	统计数值	统计数值	统计数值	统计数值	标准误差	统计数值	统计数值	标准误差	统计数值	标准误差
CC2	211	1.00	5.00	3.417	0.058	0.720	−0.209	0.167	−0.022	0.333
CC3	211	1.00	5.00	3.574	0.052	0.579	−0.938	0.167	1.070	0.333
MC1	211	1.00	5.00	2.910	0.063	0.825	−0.090	0.167	−0.759	0.333
MC2	211	1.00	5.00	3.237	0.059	0.744	−0.254	0.167	−0.573	0.333
MC3	211	2.00	5.00	3.275	0.058	0.715	−0.176	0.167	−0.960	0.333
SN1	211	2.00	5.00	3.716	0.049	0.509	−0.872	0.167	0.731	0.333
SN2	211	2.00	5.00	3.806	0.048	0.491	−0.971	0.167	1.301	0.333
SN3	211	2.00	5.00	3.744	0.051	0.553	−0.949	0.167	0.803	0.333
SN4	211	2.00	5.00	3.574	0.055	0.646	−0.520	0.167	−0.279	0.333
OI1	211	1.00	5.00	3.692	0.061	0.786	−0.969	0.167	0.579	0.333
OI2	211	2.00	5.00	4.142	0.046	0.456	−0.647	0.167	1.009	0.333
OI3	211	2.00	5.00	3.986	0.051	0.557	−0.740	0.167	0.830	0.333
OI4	211	2.00	5.00	4.043	0.052	0.565	−0.886	0.167	1.181	0.333
EC1	211	2.00	5.00	3.777	0.046	0.441	−0.507	0.167	0.577	0.333
EC2	211	2.00	5.00	3.867	0.045	0.430	−0.675	0.167	1.182	0.333
EC3	211	2.00	5.00	3.654	0.048	0.494	−0.479	0.167	0.161	0.333
EC4	211	2.00	5.00	3.678	0.048	0.477	−0.353	0.167	0.110	0.333
CUI1	211	2.00	5.00	3.820	0.044	0.415	−0.354	0.167	0.445	0.333
CUI2	211	2.00	5.00	3.602	0.049	0.498	−0.408	0.167	−0.003	0.333
CUI3	211	2.00	5.00	3.938	0.045	0.809	−0.466	0.167	−0.460	0.333

5.2 问卷信度和效度分析

信度和效度检验是实证研究过程中一个非常重要的环节。问卷是问卷调查法获取信息的工具,其质量对调查结果的真实性、适用性等具有决定性作用。实证研究数据只有满足信度和效度的要求,其分析与结果才具有较强的说服力。虽然本书在预调研过程中对问卷测量题项进行了信度分析,但对于大样本调研所获取的数据,仍然要进行信度和效度分析,因为调研对象、调研时间、调研范围等均发生了变化,需要进一步验证问卷的可靠性,同时确保测量模型拟合度评价和假设检验的有效性。因此,本书首先根据大样本调研所获取的数据对问卷的测量题项进行信度和效度分析。

5.2.1 问卷的信度分析

信度是测量理论中的重要概念之一,指测量结果的一致性程度,亦称可靠性程度。信度可以理解为真实分数在测验得分中的比例,任何测量的观测值都包括实际值与误差值两个部分,测量的误差值越高,表明测验得分与实际值之间的差距越大,所得的测量结果也就是不可靠的、缺乏信度的。信度分析是用来检验可观测变量(Item)的方差对潜变量(Latent Factor)的解释程度。信度越高表示其误差值越低,如此则所得的观测值就不会因为行驶或时间的改变而变动,认为可观测变量对潜变量所做出的解释的可靠性越大。测量的真实分数和误差都是不能直接测量的,一般无法直接计算问卷的信度系数,只能通过间接的方法对其进行估计。估计的方法有以下三种(James A., 2009)。

1)复本信度:令同一群受试者同时接受两种内容相似的副本测验,两个版本的测验得分的相关系数为复本信度。测验结果间的相关系数越大,就表明该测验的信度系数越高。

2)内部一致性信度:也就是评价测验指标之间的同质性。常用的评估方式有折半信度、库李信度和克朗巴哈系数等。

3)再测信度:将一个测验在同一群受测者身上进行前后两次测试,两次测验分数的相关系数即为再测信度。两次测量的结果的相关系数越高,就可认为该测验的稳定性越高,也称作重测信度高。

考虑到复本信度和再测信度实施的困难性,本研究的信度的测量采用内部一致性信度。克朗巴哈系数作为一种较为常见信度检验方法,并逐渐成为社会和行为科学研究中测量信度的研究标准。有鉴于任何长度的测验都有多种折半方式,相同数据采用不同的折半方式所得的数据便会产生不同的估计值(Rousseau D. M.,1989),克朗巴哈系数是估计信度的最低限度,是所有可能折半系数的平均值,因此本书使用克朗巴哈 α 信度来测量本问卷的信度,克朗巴哈系数值越高,代表检测的因子内部一致性越大,信度越高。

其中克朗巴哈系数信度标准见表 5-3。

表 5-3 克朗巴哈系数信度标准

克朗巴哈系数范围	检验标准
0.90 以上	非常理想
0.80～0.89	很好
0.70～0.79	好
0.60～0.69	尚可
0.50～0.59	偏低
0.5 以下	不能接受或最好删除

与预调研一样,本研究以克朗巴哈系数达到 0.7 为信度检验的标准。信度检验结果汇总见表 5-4。

表 5-4 问卷克朗巴哈系数信度测量汇总表

变 量	问题选项	校正的项总体相关数	删项后的克朗巴哈系数	克朗巴哈系数
有用感知	USE1	0.638	0.945	0.845
	UES2	0.607	0.946	
	USE3	0.667	0.945	

续表

变量	问题选项	校正的项 总体相关数	删项后的克 朗巴哈系数	克朗巴哈系数
期望确认	CON1	0.657	0.945	0.839
	CON2	0.651	0.945	
	CON3	0.547	0.946	
满意度	SAT1	0.553	0.946	0.773
	SAT2	0.764	0.944	
	SAT3	0.626	0.945	
	SAT4	0.450	0.946	
情感承诺	AC1	0.717	0.946	0.838
	AC2	0.709	0.946	
	AC3	0.604	0.945	
	AC4	0.670	0.945	
算计承诺	CC1	0.549	0.946	0.728
	CC2	0.614	0.945	
	CC3	0.530	0.946	
道德承诺	MC1	0.422	0.947	0.776
	MC2	0.660	0.945	
	MC3	0.529	0.946	
主观规范	SN1	0.604	0.946	0.722
	SN2	0.423	0.947	
	SN3	0.439	0.947	
	SN4	0.446	0.947	

续表

变 量	问题选项	校正的项总体相关数	删项后的克朗巴哈系数	克朗巴哈系数
组织认同	OI1	0.573	0.945	0.759
	OI2	0.580	0.946	
	OI3	0.479	0.947	
	OI4	0.487	0.947	
EKRs 承诺	EC1	0.714	0.946	0.836
	EC2	0.582	0.947	
	EC3	0.703	0.946	
	EC4	0.739	0.946	
持续使用意向	CUI1	0.722	0.946	0.817
	CUI2	0.586	0.947	
	CUI3	0.549	0.947	
问卷总体的克朗巴哈系数为 0.948				

由表 5-4 可以看出，克朗巴哈系数值均在 0.7 以上，说明本书中所涉及的量表的信度系数均在可以接受的范围之内，量表信度比较理想。

5.2.2 问卷的效度分析

效度是指一种测量工具能够测出所测量事务的特质或功能的程度，如前文所述，效度一般情况下分为内容效度、结构效度、效标效度等。由于本书各个测量题项都是直接测量，难以找到概念上完全重合的客观效标来进行校标效度的检验，因此本书只针对量表的内容效度和建构效度两方面进行评价。

内容效度可以从定量和定性两种方式来判断，近年来研究者提出了多种检验内容效度的分析方法，如专家判断法、统计分析法和经验推测法等。本问卷在早期编制过程中，在大量分析各变量的理论基础上，对各变量的内容和范围进行了完整规范的定义，并充分考虑和采纳了组织行为学领域内专家学者的建议和意见，因此可认为本书中对各项变量的衡量具有较高的内容效度。

在行为及社会科学研究领域中，通常采用因子分析（Factor Analysis）的方法来检验结构效度。因子分析的主要功能是从量表全部变量或测量题项中提取一些公因子，这些公因子即代表了量表的基本结构，因而可以考察问卷是否能够测量出研究者设计问卷时假设的某种结构。在因子分析方法中，用于评价结构效度的主要指标有累积贡献率、共同度和因子负荷，累积贡献率反映公因子对量表或问卷的累积有效程度，共同度反映由公因子解释原变量的有效程度，因子负荷反映原变量与某个公因子的相关程度。

在进行效度检验的因子分析法中，一般包括因子分析的适用性检验、探索性因子分析（Exploratory Factor Analysis，EFA）和验证性因子分析（Confirmatory Factor Analysis，CFA）三个步骤。其中验证性因子分析适用性检验的目的是检验样本指标数据是否适合进行因子分析；探索性因子分析在进行研究前，对数据的因素结构没有任何的预期和立场，主要根据测试数据和指标探讨一组变量背后潜藏的因素结构和关系，从而发现因子结构。验证性因子分析是一种先验性统计分析技术，即通过理论变量间的关系，利用样本数据来验证变量之间关系的一种分析方法。进行验证性因子分析的目的主要有两个：一是验证量表的有效性，以保证变量测量的效度；二是利用验证性因子分析的模型作为后续结构方程分析的基础。本书在变量测量的效度检验中，进行了探索性因子分析和验证性因子分析，与此同时，在验证性因子分析的基础上进行了聚合效度和区分效度的检验，最大限度地保证了变量测量的效度。

聚合效度（Convergent Validity）是指运用不同测量方法测定同一变量时测量结果的相似程度，对聚合效度可以通过对潜变量采取平均抽取方差（Average Variance Extracted，AVE）来检验。区分效度（Discriminant Validity）指在应用不同方法测量不同变量时，所观测到的数值之间应该能够加以区分。对区别效度的检验可以通过潜变量的 AVE 值的平方根是否大于潜变量之间相关系数来判定。

(1)所有变量的KMO和球形检验Bartlett检验。

在进行因子分析之前,应先采用KMO和Bartlett球形检验方法进行因子分析的适用性检验,检验进行因子分析的适当程度,比值越大表示相关性越好。根据适用性检验的判定条件,KMO值在0.90以上被认为是极适合进行因子分析的,在0.80～0.90被认为是良好的,而当Bartlett球形检验给出的显著性概率小于0.05时,即认为适合进行因子分析。根据以上KMO和巴特利符球形检验的结果,量表整体的KMO值为0.834,大于0.7,适合做因子分析。同时,巴特利符球形检验给出的显著性概率为0.000,拒绝相关系数矩阵为单位矩阵的零假设。因此,因子分析通过适用性检验。本书中各潜变量的KMO及巴特利符球形检验结果见表5-5和表5-6。

表5-5 各变量的KMO和巴特利符球形检验结果汇总

变量	样品充裕性KMO检验	巴特利特球形检验	
		卡方值计值	显著性
有用感知(CUE)	0.715	270.943	0.000
期望确认(CON)	0.726	251.336	0.000
满意度(SAT)	0.727	339.491	0.000
情感承诺(AC)	0.790	337.199	0.000
算计承诺(CC)	0.738	144.935	0.000
道德承诺(MC)	0.750	201.599	0.000
主观规范(SN)	0.640	234.514	0.000
组织认同(OI)	0.724	277.453	0.000
EKRs承诺(EC)	0.763	342.031	0.000
持续使用意向(CUI)	0.716	241.599	0.000

表 5-6　问卷整体 KMO 和巴特利特球形检验结果

样本充裕性 KMO 检验	巴特利特球形检验	
	卡方估计值	显著性
0.834	6 145.906	0.000

(2)探索性因子分析。

在适用性检验的基础上，本书分别对企业员工电子知识库持续使用意向、EKRs 承诺、EKRs 满意度、期望确认、感知有用性、个人主观规范、组织认同、员工承诺等各变量进行探索性因子分析，提取特征值大于 1 的因子，并采用方差最大法对因子载荷进行旋转处理。

对感知有用性原始数据进行探索性因子分析，得出结果：问题选项因子载荷均大于 0.5，萃取后的共同性均大于 0.2，因子解释变异量为 76.564%，大于 50%，特征值为 2.297。数据结果表明，感知有用性量表有着很好的效度。具体分析结果见表 5-7。

表 5-7　感知有用性探索性因子分析结果

因子	问题选项	因子载荷	萃取后的共同性	特征值	因子解释总变异量
感知有用性	USE1	0.880	0.774	2.297	76.564%
	USE2	0.900	0.810		
	USE3	0.844	0.712		

对期望确认度原始数据进行探索性因子分析，得出结果：问题选项因子载荷均大于 0.5，萃取后的共同性均大于 0.2，因子解释变异量为 75.751%，大于 50%，特征值为 2.273。数据结果表明，期望确认度量表有着很好的效度。具体分析结果见表 5-8。

表 5-8　期望确认度探索性因子分析结果

因子	问题选项	因子载荷	萃取后的共同性	特征值	因子解释总变异量
期望确认	CON1	0.870	0.757	2.273	75.751%
	CON2	0.881	0.776		
	CON3	0.860	0.739		

对EKRs满意度原始数据进行探索性因子分析，得出结果：问题选项因子载荷均大于0.5，萃取后的共同性均大于0.2，因子解释变异量为64.018%，大于50%，特征值为2.561。数据结果表明，EKRs满意度量表有着很好的效度。具体分析结果见表5-9。

表5-9 EKRs满意度探索性因子分析结果

因 子	问题选项	因子载荷	萃取后的共同性	特征值	因子解释总变异量
EKRs满意度	SAT1	0.771	0.594	2.561	64.018%
	SAT2	0.890	0.791		
	SAT3	0.887	0.787		
	SAT4	0.622	0.687		

对情感承诺原始数据进行探索性因子分析，得出结果：问题选项因子载荷均大于0.5，萃取后的共同性均大于0.2，因子解释变异量为67.438%，大于50%，特征值为2.698。数据结果表明，情感承诺量表有着很好的效度。具体分析结果见表5-10。

表5-10 情感承诺探索性因子分析结果

因 子	问题选项	因子载荷	萃取后的共同性	特征值	因子解释总变异量
情感承诺	AC1	0.765	0.585	2.698	67.438%
	AC2	0.889	0.791		
	AC3	0.819	0.671		
	AC4	0.807	0.651		

对算计承诺原始数据进行探索性因子分析，得出结果：问题选项因子载荷均大于0.5，萃取后的共同性均大于0.2，因子解释变异量为64.797%，大于50%，特征值为1.944。数据结果表明，算计承诺量表有着很好的效度。具体分析结果见表5-11。

表 5－11　算计承诺探索性因子分析结果

因　子	问题选项	因子载荷	萃取后的共同性	特征值	因子解释总变异量
算计承诺	CC1	0.846	0.715	1.944	64.797%
	CC2	0.856	0.733		
	CC3	0.704	0.496		

对道德承诺原始数据进行探索性因子分析，得出结果：问题选项因子载荷均大于0.5，萃取后的共同性均大于0.2，因子解释变异量为69.622%，大于50%，特征值为2.089。数据结果表明，道德承诺量表有着很好的效度。具体分析结果见表5－12。

表 5－12　道德承诺探索性因子分析结果

因　子	问题选项	因子载荷	萃取后的共同性	特征值	因子解释总变异量
道德承诺	MC1	0.741	0.549	2.089	69.622%
	MC2	0.889	0.792		
	MC3	0.865	0.748		

对主观规范原始数据进行探索性因子分析，得出结果：问题选项因子载荷均大于0.5，萃取后的共同性均大于0.2，因子解释变异量为56.052%，大于50%，特征值为2.242。数据结果表明，主观规范量表有着很好的效度。具体分析结果见表5－13。

表 5－13　主观规范探索性因子分析结果

因　子	问题选项	因子载荷	萃取后的共同性	特征值	因子解释总变异量
主观规范	SN1	0.792	0.628	2.242	56.052%
	SN2	0.799	0.639		
	SN3	0.834	0.696		
	SN4	0.628	0.379		

对组织认同原始数据进行探索性因子分析,得出结果:问题选项因子载荷均大于0.5,萃取后的共同性均大于0.2,因子解释变异量为60.755%,大于50%,特征值为2.430。数据结果表明,组织认同量表有着很好的效度。具体分析结果见表5-14。

表5-14 组织认同探索性因子分析结果

因 子	问题选项	因子载荷	萃取后的共同性	特征值	因子解释总变异量
组织认同	OI1	0.576	0.333	2.430	60.755%
	OI2	0.863	0.745		
	OI3	0.758	0.574		
	OI4	0.883	0.778		

对EKRs承诺原始数据进行探索性因子分析,得出结果:问题选项因子载荷均大于0.5,萃取后的共同性均大于0.2,因子解释变异量为67.182%,大于50%,特征值为2.687。数据结果表明,EKRs承诺量表有着很好的效度。具体分析结果见表5-15。

表5-15 EKRs承诺探索性因子分析结果

因 子	问题选项	因子载荷	萃取后的共同性	特征值	因子解释总变异量
EKRs承诺	EC1	0.870	0.757	2.687	67.182%
	EC2	0.773	0.597		
	EC3	0.823	0.677		
	EC4	0.810	0.656		

对EKRs持续使用意向原始数据进行探索性因子分析,得出结果:问题选项因子载荷均大于0.5,萃取后的共同性均大于0.2,因子解释变异量为74.835%,大于50%,特征值为2.245。数据结果表明,EKRs持续使用意向量表有着很好的效度。具体分析结果见表5-16。

表 5-16 EKRs 持续使用意向探索性因子分析结果

因 子	问题选项	因子载荷	萃取后的共同性	特征值	因子解释总变异量
EKRs 持续使用意向	CUI1	0.886	0.785	2.245	74.835%
	CUI2	0.866	0.749		
	CUI3	0.843	0.710		

通过上述变量分析可知,问卷中的各个问题因子负荷均达到要求,因此问卷整体具有较好的效度,可以继续后续的研究。

(3)验证性因子分析。

在验证性因子分析阶段,本书采用拟合指数来评价和选择模型。规范卡方 χ^2/df 是检验样本协方差矩阵和估计的协方差矩阵间的相似程度的统计量。χ^2/df 的理论期望值为 1,χ^2/df 越接近 1,说明样本协方差矩阵和估计的协方差矩阵的相似程度越大,模型的拟合度越好(Daniel H.Z.,2002)。在实际研究中,通常研究者建议 χ^2/df 的值小于 3,样本较大时,可放宽松到 5。P 值是从样本分析中得到检验统计量大或者更大的数值的精确概率。对于模型拟合中的卡方检验,本书选择 0.05 的显著性水平,即只要 P 值小于 0.05 即可接受。拟合优度指数(Goodness of Fit Index,GFI)表示潜变量的方差协方差矩阵被模型引申的方差协方差矩阵预测的程度,修正拟合优度指数(Adjust Goodness of Fit Index,AGFI)是指利用模型中参数估计的总数与模型估计的独立参数-自由度来修正。这两个指数值在 0～1 之间,越接近 1 表示模型拟合度越好。近似均方根误差(Root Mean Square Error of Approximation,RMSEA),其值越小表示模型拟合得越好,当 RMSEA 值小于 0.08 时,则说明模型的拟合比较理想。除此之外还有比较拟合指数(Comparative Fit Index,CFI),增量拟合指数(Incremental Fit Index,IFI)等,以上这些指标都是越接近于 1 表示模型拟合得越好,一般情况下只要这些指标的值大于等于 0.9 便认为模型拟合得比较理想。关于模型拟合指数评价见表 5-17。

表 5-17 测量模型拟合指数评价表

模型	指标						
	χ^2/df	GFI	AGFI	RMSEA	CFI	IFI	P
判别标准	<3	≥0.9	≥0.8	<0.08	≥0.9	≥0.9	<0.05

本书借助 AMOS 17.0 分析软件对此进行验证性因子分析，各变量的验证性因子分析结果见图 5-1，因子载荷值的具体情况见表 5-16，一阶因子测量模型结果见表 5-17，根据模型拟合指数评价标准，整体来说，模型拟合度较好。聚合效度和区别效度检验如前文所述，聚合效度可以通过提取各潜变量的平均方差(Average Variance Extracted, AVE)来检验。若 AVE 值大于 0.5，说明模型内在质量佳，聚合效度好，本模型的各变量 AVE 值见表 5-18，各变量 AVE 值均在 0.5 以上，说明量表具有较高的聚合效度。模型拟合结果见表 5-19，各拟合指数符合标准，因此，从整体上看，模型拟合比较理想。

表 5-18 本文研究变量的验证性因子分析因子标准化载荷及 AVE 分析结果

因子	问题选项	完全标准化载荷值	AVE	*P*
有用感知	USE1	0.85	0.712	***
	UES2	0.88		***
	USE3	0.80		***
期望确认	CON1	0.79	0.673	***
	CON2	0.82		***
	CON3	0.85		***

续 表

因 子	问题选项	完全标准化载荷值	AVE	*P*
EKRs 满意度	SAT1	0.81	0.593	* * *
	SAT2	0.85		* * *
	SAT3	0.78		* * *
	SAT4	0.62		* * *
情感承诺	AC1	0.72	0.584	* * *
	AC2	0.85		* * *
	AC3	0.75		* * *
	AC4	0.73		* * *
算计承诺	CC1	0.74	0.548	* * *
	CC2	0.82		* * *
	CC3	0.65		* * *
道德承诺	MC1	0.60	0.574	* * *
	MC2	0.84		* * *
	MC3	0.81		* * *
主观规范	SN1	0.60	0.582	* * *
	SN2	0.81		* * *
	SN3	0.89		* * *
	SN4	0.72		* * *
组织认同	OI1	0.64	0.600	* * *
	OI2	0.88		* * *
	OI3	0.69		* * *
	OI4	0.86		* * *

续 表

因 子	问题选项	完全标准化载荷值	AVE	*P*
EKRs 承诺	EC1	0.80	0.592	* * *
	EC2	0.72		* * *
	EC3	0.84		* * *
	EC4	0.71		* * *
持续使用意向	CUI1	0.92	0.683	* * *
	CUI2	0.80		* * *
	CUI3	0.75		* * *

注:"* * *"表示 0.001 水平上显著。

表 5-19 模型拟合指数结果

模 型	指 标						
	χ^2/df	GFI	AGFI	RMSEA	CFI	IFI	*P*
结果	2.76	0.965	0.850	0.052	0.950	0.953	0.000

我们对于区别效度的检验可以通过各变量的 AVE 值的平方根是否大于潜变量之间相关系数来判定。检验结果见表 5-20,可以看到对角线 AVE 的平方根均大于他们对应的相关系数的平方,表明变量具有较好的区别效度。

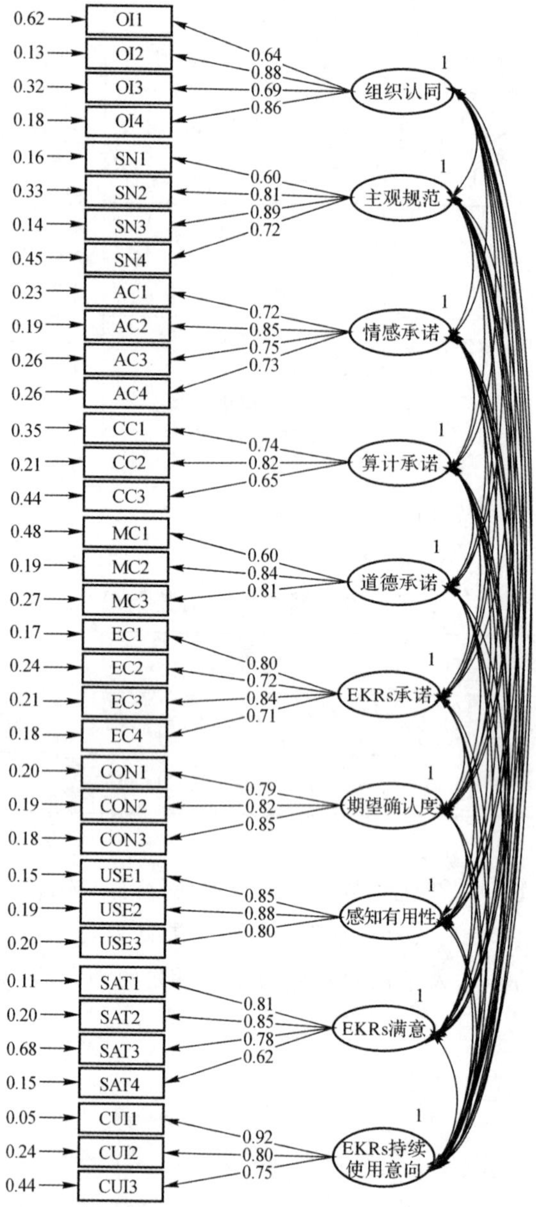

卡方 = 1 423.69，*df*=516，*p*=0.000

图 5－1　研究变量验证性因子分析结果

表 5－20 各变量方差抽取检验

	EKRS持续使用意向	EKRS满意度	EKRS承诺	期望确认度	感知有用性	组织认同	主观规范	道德承诺	算计承诺	情感承诺
EKRS持续使用意向	0.826									
EKRS满意度	0.503	0.770								
EKRS承诺	0.709	0.296	0.769							
期望确认度	0.445	0.696	0.258	0.798						
感知有用性	0.362	0.649	0.389	0.395	0.844					
组织认同	0.524	0.331	0.361	0.222	0.291	0.775				
主观规范	0.366	0.262	0.247	0.180	0.210	0.242	0.736			
道德承诺	0.416	0.388	0.374	0.315	0.270	0.223	0.334	0.758		
算计承诺	0.390	0.315	0.230	0.297	0.277	0.267	0.210	0.237	0.740	
情感承诺	0.434	0.786	0.436	0.211	0.158	0.295	0.186	0.176	0.112	0.764

注：对角线斜体为各变量 AVE 的平方根。

5.3 基于结构方程模型的实证分析

结构方程模型(SEM)是一种综合运用多元回归分析、路经分析和验证性因子分析方法的数据统计分析工具。它可以用来解一个或多个自变量与一个或多个因变量之间的关系，能够测量自变量对因变量的直接和间接影响，目前已广泛应用于心理学、经济学、社会学和行为科学等领域的研究中。具体来说，结构方程模型自身的优点在于：首先，结构方程模型引入潜变量使研究更加深入，可以同时考虑并处理多个因变量，传统的统计分析方法，比如回归分析和路径分析，不允许潜在变量的存在，只有结构方程模型可以将多个潜变量及观测变量置于同一模型中分析，研究他们之间的结构关系,并可比较及评价不同的理论模型;其次,虽然结构方程模型也类似于路径分析等模型利用联立方程组求解,但结构方程模型分析方法放宽了模型的限制条件,容许自变量和因变量存在测量误差,变量可用多个指标来测量;再次,相对于传统分析方法,结构方程分析可同时估计因子结构和因子关系,与传统的探索性因子分析不同,在结构方程模型中,我们可以提出一个特定的因子结构,并检验它是否吻合数据;最后,结构方程分析容许更大弹性的测量模型,通过结构方程多组分析,我们可以了解不同组别内各变量的关系是否保持不变,各因子的均值是否有显著差异。一般结构方程模型分析可以粗略分为四大步骤:①模型构建;②模型拟和;③模型检验;④模型修正。但是本书重点谈论的是影响持续使用EKRs的因素,所以本书不包括结构方程模型分析中的"模型修正"这个模块。

本书研究影响企业员工持续使用电子知识库的主要因素。在对问卷收集的实证数据进行信度和效度分析之后,本书利用AMOS 17.0软件进行结构方程分析。根据前文提出的企业员工电子知识库持续使用理论模型,本书建构的结构方程模型见图5-2;结构方程模型运行结果见图5-3;模型的标准化路径系数、显著性水平及C.R.值见表5-21。

表5-21　模型运行结果数据

假 设	标准化路径系数	C.R.值	*P*	假设结果
H1:EC→CUI	0.83	3.640	***	显著相关
H2:SAT→CUI	0.21	2.925	***	相关
H3:USE→CUI	−0.21	−1.842	0.065	不相关
H4:AC→EC	0.52	6.494	***	相关
H5:CC→EC	−0.07	−1.214	0.225	显著不相关
H6:MC→EC	0.42	5.920	***	相关
H7:SN→EC	−0.09	−1.556	0.120	不相关
H8:OI→EC	0.55	6.997	***	相关

续表

假设	标准化路径系数	C.R.值	*P*	假设结果
H9:USE→SAT	0.17	3.897	* * *	相关
H10:CON→SAT	0.83	8.010	* * *	显著相关
H11:CON→USE	0.76	9.011	* * *	显著相关

注:"* * *"表示 0.001 水平上显著。

通过对调查数据的分析,结果显示本书的理论模型基本上得到了数据的支持,大部分研究假设都通过了显著性检验,在第 6 章会对假设结果展开详细的讨论。

通过的假设有:H1,H2,H4,H6,H8,H9,H10,H11。

未通过的假设有:H3,H5,H7。

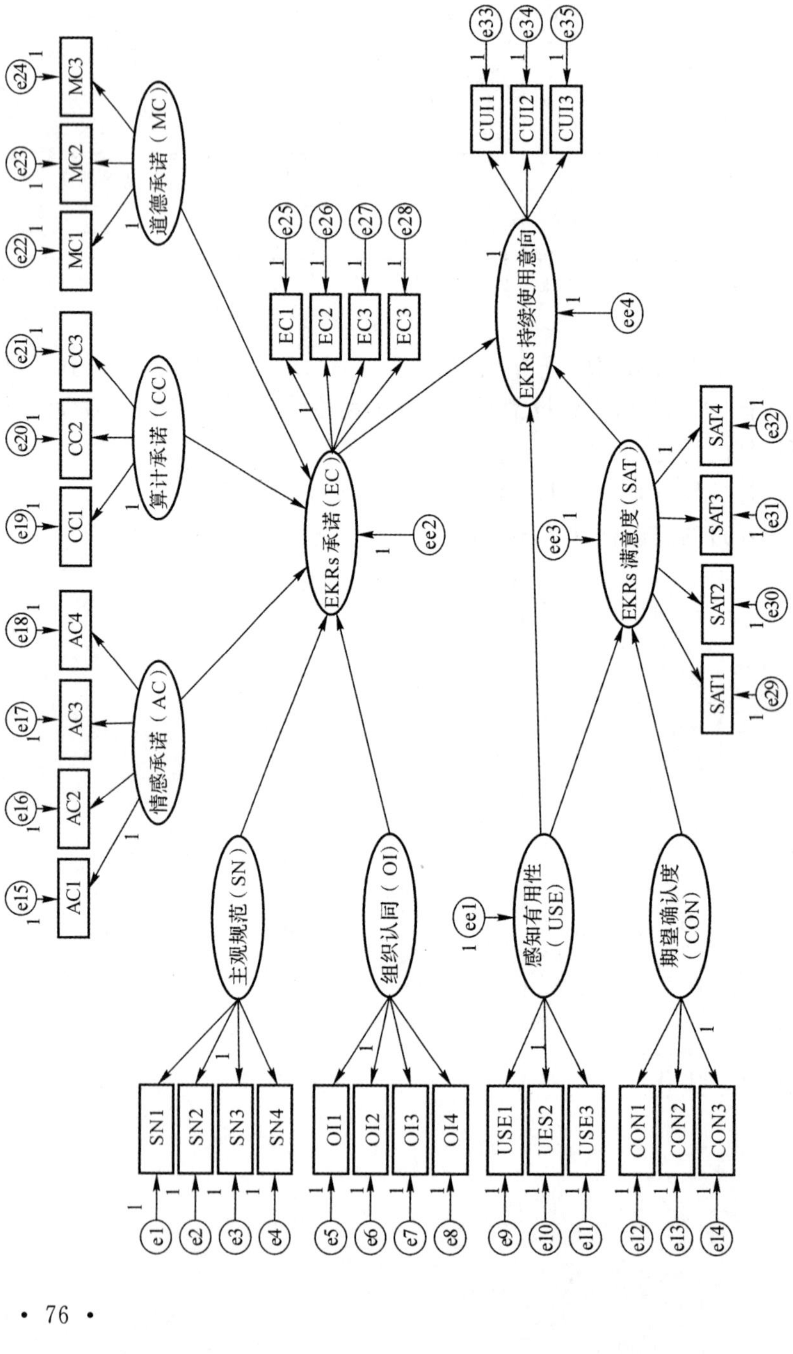

图5-2 本研究的结构方程模型

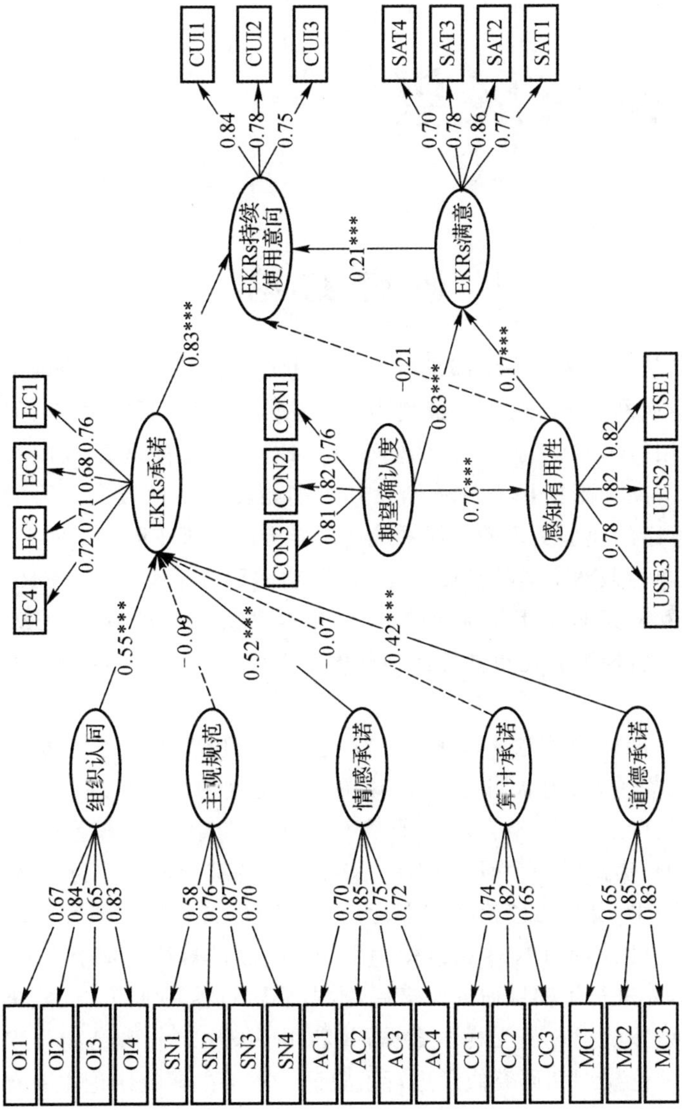

图5-3 本研究模型运行结果

注：***表示在0.001水平下显著，虚线表示为不显著

第6章 结论与展望

6.1 研究结论

ECM和基于承诺的模型都是专门用于考察信息系统(IS)的持续使用,为研究企业网上EKRs的持续使用行为提供了良好的研究基础,但二者在解释使用行为时分别有不同的侧重点。ECM是过程模型,反映使用者从使用前的期望到使用后的感知及其对初始使用后的接受行为的影响,而基于承诺的模型更多的关注系统使用导致的心理依附。事实上,满意和承诺是两种截然不同的态度变量,在影响使用者持续使用EKRs的决策中是相互补充而非相互排斥的。因此,本书认为构建一个ECM与承诺模型的整合模型会比单独任何一种模型更好地解释EKRs用户的使用意图及行为。

本书首先回顾了信息管理系统持续使用理论和承诺理论,分析了期望确认、主观规范、组织认同、员工承诺等因素之间的影响机理。在前期理论研究的基础上,研究整合了IS研究理论中的期望-确认模型(ECM)以及承诺模型,提出了一个研究EKRs持续使用的综合模型,该模型可以弥补以往关于IS研究的理论模型在运用于EKRs持续使用研究时的一些不足,同时可以揭示EKRs持续使用中的一些新的规律。基于模型,提出研究假设,并进行了实证研究。最后,本书采用问卷调研的方式收集了使用电子知识库的企业员工样本数据,并利用SPSS 18.0和结构方程模型对本书的理论模型和研究假设进行了验证。本书的研究结论主要有下述两项:

(1)通过显著性检验的假设有H1,H2,H4,H6,H8,H9,H10,H11。

假设H1通过了显著性检验,EKRs承诺显著正向影响EKRs持续使用意向。该假设的成立说明企业员工形成的以电子知识库为焦点的承诺的倾向越强,则持续使用该项知识管理系统的意向越明显。社会交换理论指出,人与人之间关系的本质是一种社会交换,当个体得到他人的积极对待时,个体本身也倾向于采取积极态度和行为来回馈该人。该原则扩展到组织与员工的关系范围时,企业通过自身所掌握的资源为企业员工提供工作环境,而员工则通过自己的体力、智力、行为和态度等换取企业对员工的工作支持、经济报酬、企业归属感、事业前途等。企业员工组织承诺的形成是一个循序渐进的动态过程,在不同阶段具有不同的特点(樊耘等,2013)。通过以上分析,员工如果想持续地获得企业的支持,则需要不断地通过自身的行为和态度来获取该支持。企业提供的知识管理系统在企业层面上可以通过知识的管理和整合,有效地提高知识利用率,提高员工工作效率。因此,企业员工在使用 EKRs 过程中,受到价值观、情感、道德规范、个人理想等多方面的影响,会潜移默化地形成以 EKRs 为焦点的承诺,为了持续获取组织支持而形成强烈的持续使用 EKRs 的意向。

假设 H2 通过了显著性检验,EKRs 满意度正向影响 EKRs 持续使用意向。该假设说明,员工在使用 EKRs 过程中的满意度越高,则该名员工持续使用电子知识库管理系统的意向就越明显。在期望-确认模型架构中,满意度是重要的模型中间变量,消费者再次购买产品或者持续使用某种服务意愿只要是经由先前对产品或服务的满意度。通过满意度的概念可以得知,满意度是决策后的构念,EKRs 满意度是企业员工在使用 EKRs 之后形成的结果,来自于企业员工使用企业电子知识库系统前后过程中对其早先预期的差异所产生的感知。在信息系统领域,使用者对某种系统的满意度越高,则表明该使用者持续使用该系统的意向越强烈。企业员工在使用 EKRs 之后,会对其产生一种情感的评价,如果该项知识管理系统对使用者帮助越大,能够大幅度的提高使用者的工作效率,那么为了保证这种工作效率,使用者持续使用该系统的意向就更加强烈。

H4 假设得到验证,情感承诺正向影响 EKRs 承诺。结果表明,员工对组织形成的情感承诺越高,则该名员工形成以 EKRs 为焦点的承诺倾向则越强。情感承诺的形成受到的影响因素很多,包括员工个人特征、工作的特点、个人工作经历、企业的组织结构、企业文化等。员工由于组织价值观、目标的认同和深厚的感情,而对组织所形成的忠诚并努力工作的程度，主要是指对组织有深厚的感情，而非物质利益。情感承诺更多的是基于感情的支配，员工认同组织的目标，进而在工作过程中对其产生深厚的感情，EKRs 作为企业为提高员工工作效率和保持高度的工作绩效的管理工具，员工会基于自己对企业的认知形成对 EKRs 承诺，进而保证对其持续的工作投入。企业员工基于情感所形成的系统知识管理承诺，即高的情感承诺意味着员工会在态度、认知和行为之间与对该系统保持高的投入度和一致性 EKRs 的产生高。

H6 假设得到验证，道德承诺正向影响 EKRs 承诺。结果表明，以企业员工在使用 EKRs 过程中，会基于他们对该项知识管理系统的使用信念和价值产生一种责任感，对其产生的责任感越强，则持续使用该项知识管理系统的意向就越明显。

社会交换理论指出，人类的一切活动基本上可以概括为交换，人类的行为受到能够给其带来奖励或报酬的交换活动的支配。因此，企业员工通过使用 EKRs，可以在最短时间内获取尽可能丰富的有用的显性或隐性知识，可以提高自己的工作效率，进而换取企业相应的物质或非物质报酬。随着使用时间的增长，员工会建立起个人对该项知识管理系统的责任感，即使在某种情况下该项知识管理系统不能够给该工作人员提供有效的信息，但是基于先前建立的责任感，该名员工还是会选择继续使用该项知识管理系统。

H8 假设为组织认同正向影响 EKRs 承诺，由表 5－19 的数据可以看过，该假设也通过了显著性验证，显著性水平 P 为 0.001，且组织认同和 EKRs 承诺之间的相关性为 0.55。结果表明，员工对所在工作的企业组织认同感越高，则形成以 EKRs 知识管理系统为焦点的承诺就越强。企业员工组织认同是指员工对组织成员身份的一种自我定义，体现了员工对组织的归属感、自豪感和忠诚度等。组织认同和 EKRs 承诺之间有显著的内在联系表明，员工对企业的高归属感和忠诚度不仅仅只表现在精神层面上，还体现在企业物质层面上。电子知识库作为企业提供的有效提高工作效率的工具，员工对企业的组织认同通过电子知识库得到了体现，这也就说明了有着高组织认同感的员工也会有高的 EKRs 承诺。

H9 假设为感知有用性正向影响 EKRs 满意度，感知有用性为技术接受模型理论中的重要变量，其中感知有用性可以作为描述对信息系统的初始接纳行为，因此在本研究中，将对 EKRs 的感知有用性作为模型的潜在变量，并假设该变量会影响使用者对 EKRs 的满意度。表 5－19 说明，该假设通过的显著性检验，虽然相关性并不是很强，但是在 $P=0.001$ 的水平下，也可以默认为其中具有相关的关系，企业员工对 EKRs 的有用性感知能够影响员工对该项知识管理系统的满意度。

两者之间相关关系并不明显的原因可能为员工对 EKRs 形成满意度影响因素很多，有用性可能仅仅是其中的一个影响因素，其他的影响因素因为模型和精力有限留作以后进一步的研究。

H10，H11 假设分别为期望确认度正向影响 EKRs 满意度，期望确认度正向影响感知有用性，且假设 H10，H11 均通过了显著性检验。期望确认度是企业员工使用 EKRs 过程中重要的心理体验结果，它的高低直接影响到员工对使用系统的其他心理感知。在信息系统持续使用的研究领域中，尤其在期望-确认模型中，期望确认度对满意度的正向影响作用已经多次得到验证。在本书中，期望确认度和 EKRs 满意度之间显著正向相关，相关系数为 0.83，且 C.R.值为 8.010，在 0.001 水平下显著。该验证结果表明，企业员工对 EKRs 知识管理系统使用后的确认度越高，则该员工对该系统的满意度就越高。由此可知，企业员工对一个知识管理系统的期望及其使用后所感知到的确认程度在 EKRs 的实施过程中是很重要的。假设 H11 旨在考查企业员工在使用 EKRs 系统前后所形成的期望确认程度是否影响使用者对该系统的有用感知。期望确认度是使用某种系统前的一种心理感知，感知有用性是使用后的一种经验感受。数据表明，期望确认度和感知有用性的相关系数为 0.76，在 0.001 水平下显著。这个结果同样也说明期望确认度在企业对某系统实施推广过程中的重要性。

(2)未通过显著性检验的有 H3，H5，H7。

H3 假设为感知有用性正向影响 EKRs 持续使用意向，该假设未通过显著性检验，这个结论和前人的很多研究不同。究其原因可能在于，感知有用性并不能直接影响 EKRs 持续使用意向，假设 H2 和假设 H9 得到验证说明感知有用性通过影响使用者的满意度进而在影响 EKRs 持续使用意向。这是因为企业引进 EKRs 的本质是为了提高员工的工作效率和绩效，但是我国从 1989 年引进知识管理概念到如今发展已有 20 余年，中国的知识管理水平有了飞速的发展，企业引进各种类型的知识管理系统也非常多,员工提高工作效率的方法不仅仅是使用这一个知识管理系统;除此之外,使用EKRs不仅仅是使用者从知识库里搜索和下载有效资源,更加需要每位使用者上传共享自有的知识来完善知识库。基于这两个方面的考虑,员工在使用EKRs的过程中,即使感知到了该系统对自己的工作有用,但是在主观意识上仍然不会持续地去使用该系统。

H5假设未通过显著性检验,该假设的内容为算计承诺正向影响EKRs承诺。分析其原因为,算计承诺是企业员工放弃使用EKRs的成本,在分析假设H3时提到了由于企业引进的知识管理系统种类可能会很多,提高员工自身工作效率的方法也有很多,不同的知识管理系统和方法对EKRs来说起到了替代的作用。员工放弃使用EKRs遭受到的损失可以通过其他的系统和方法得到弥补。通过以上的分析,算计承诺和员工持续使用企业电子知识库意向之间的关系就变相地被削弱了。

H7假设为主管规范正向影响EKRs承诺,该假设未通过显著性检验。在学者李蒙翔、顾睿等关于移动即时通信服务持续使用意向的研究中,主观规范的外部性对使用者的意向影响也不显著。在本书中主观规范影响不显著的原因可能在于,从问卷描述性统计数据分析中可以看出,本书被调查者硕士以上学历的比例为64%,文化教育水平较高,相对的会比较看重自我意识,加上知识创造和创新是一种难度较大的脑力劳动,如果在通过企业相关制度或者其他方面来强制要求企业员工对EKRs产生归属感,去使用EKRs,则较容易引起员工的逆反心理,因此外界(他人)对使用者的影响就趋于弱化。因此在本书中,主管规范因素并不能影响员工对EKRs知识管理系统在心理上产生依附感。

综上所述,本书大部分的研究假设得到了验证,这充分说明了不仅满意度在EKRs持续使用中具有重要的作用,员工承诺,尤其是员工的情感承诺和道德承诺以及员工对企业的组织认同在EKRs持续使用中同样也具有重要的影响作用。

6.2 研究管理建议

通过上述研究结论可知,员工EKRs承诺和电子知识库满意度影响EKRs的持续使用意向,组织认同、情感承诺、道德承诺会影响员工的

EKRs 承诺的形成，主观规范和算计承诺对 EKRs 承诺影响不显著；感知有用性和期望确认度对 EKRs 的满意度有显著的影响，且回归系数明显。对于本书的结论，可以提出以下建议。

(1)EKRs 逐步成为企业运营的重要组成部分，在国内外的某些行业均得以实施，该系统的成功和价值在未来会被进一步得到认可。因此，企业不仅需要在资源上给以 EKRs 支持，还应该从企业运营、企业战略的角度来重视该项知识管理系统，使用 EKRs。最有用的知识来自公司内部，建议员工有机会获得必要的知识，同时让他们有机会用自己的知识轻松做出贡献。这些必须得到公司文化的支持。每个想要实施知识管理的公司都必须有足够的动力来实现并得到最高管理层的全力支持，否则他们将无法在公司内部实施知识管理。

(2)EKRs 在企业中的实施和使用不是独立的，也就是该系统的推行者和系统使用者并不是独立的。组织承诺理论中指出，组织通过向员工提供相应的组织支持换取员工对组织的工作付出。因此在管理层推出 EKRs 系统时不仅仅只是推出了，更要及时地获取使用员工的反馈意见，以防止系统出现“水土不服”的现象而被搁置，要及时地根据使用者提出的意见对系统进行相应的修改，使其使用中国企业的实际情况，进而换取员工的高组织认同，产生连锁反应。

(3)注重提高员工的情感承诺和道德承诺。具体措施有在实施 EKRs 过程中结合企业的整体运营环境，如在企业文化建设、办公培训等过程中，展示使用 EKRs 带来的便利和效率，同时加强对于 EKRs 的管理培训，使员工不断地提升对 EKRs 的承诺感。根据本书的定义，承诺是一种使个体进行某种行为的内在力量，反映了员工与组织间的一种心理契约。因此，通过以上的措施提高员工对该项知识管理系统的承诺，在心理上产生一种心理契约，而不需要通过企业强制的措施和制度，在潜移默化中形成良好的使用氛围，促进企业内部知识的传播和贡献，提升企业竞争力。

(4)注重完善 EKRs 所涵盖的知识和信息，同时要注重完善 EKRs 信息发布制度，提高知识库内的信息质量。企业员工主要是通过搜索、查询、上传、下载等行为使用 EKRs。在一个中型或者大型的企业中，使用该知识库的员工数量可能会很多，因此在知识上传的过程中应该有一个有效的审核制度，保证上传到知识库的信息都是有用的，提高他们对该知识库的有用感知，进而提高员工在使用该知识库前后所感知到的期望确认度和满意度。

(5)注重维护员工 EKRs 接受后的持续使用行为。本书在加入用户承诺理论后验证了员工 EKRs 承诺对持续使用意向的正向影响，同时也验证了满意度对持续使用意向的显著性正向影响。因此企业在实施 EKRs 的过程中需要注意强化员工的 EKRs 承诺和提高员工的满意度。具体措施有：①优化 EKRs 的操作界面，实现更加人性化的设计，简化操作步骤，进而使企业员工与该系统进行更加深入的交互，提高员工对该系统的情感承诺和道德承诺；②注意告知潜在用户使用 EKRs 的好处，并强化有效使用 EKRs 的培训，从而最大限度地提高使用者对该系统的满意度，最终实现员工的持续使用行为。

6.3 研究的局限性和展望

本书通过理论和实证研究，获得了一些比较有意义的结论，但由于笔者理论水平和研究能力的局限性，本研究还存在着许多不足之处，有待于在以后的研究中进一步完善。

(1)采取的样本具有一定的局限性。由于时间资源等方面的限制，本研究中选取的样本大部分来自于咨询服务业，主要包括银行和咨询公司，另外包括一部分的制造业和国内的研究所，样本分布相对来说不是很广，且样本数量不多。在这种情况下通过对获取的数据进行实证研究得出结论，相对来说研究结果可能存在误差，且研究结果的代表性也值得进一步探索。

(2)由于精力有限，在本研究模型中，没有探究控制变量(如年龄、性别、教育背景等)对模型其他变量(如满意度、EKRs 承诺、EKRs 持续使用意向)的影响作用，该方面可以作为该研究以后进一步的探索方向。

(3)本实证研究采用的是问卷调查的方式获取的横截面数据。同一模型，相同的调查对象在不同的时间段中测验的结果有可能是不同的，因此，相对于横截面式的调研结果，纵向调研得出的结论能够更为直观、更为精准的衡量持续使用行为。另外，由于在本研究中，问卷数据是通过问卷推广的方式收集的,从行为学角度来看,用户在对第三方推广的问卷在进行回答时,用户的实际使用行为和填答的结果有可能存在着一定的差异。因此,在未来的研究中,数据的收集和获取尽量通过更加严谨的问卷设计和面对面的访谈形式,尽可能地、最大效度地获取被调研者的实际使用心理感知和行为意向。

附录

企业电子知识库(EKRs)持续使用行为调查问卷

尊敬的先生/女士：

您好！这是一个关于"企业电子知识库持续使用行为"调查。如果您任职的企业正在使用电子知识库，同时您在工作中也使用这个系统，本人热忱的希望您能够抽出3分钟左右的时间帮我填写这份问卷！

该研究的分析结果有赖于您提供完整的问卷回复。本次调查仅用于学术研究，您所填写的内容绝对保密，并不对外公布。

谢谢您的支持与配合！

第一部分　基本信息

1. 您的性别：A .男　　　　B. 女

2. 您的年龄范围：

A. 25岁及以下　　B. 26～35岁　　C. 36～45岁　　D. 46岁及以上

3. 您的最高学历：

A. 高中及以下　　B. 大专　　C. 本科　　D. 研究生及以上

4. 您工作的部门是：

A. 技术部　　B. 财务部　　C. 市场部

D. 人力资源部　　E. 生产部门

F. 其他部门(请写出具体名称)____________________

5. 您在目前企业的工作时间：

A. 1年及以下　B. 1～2年　C. 3～5年　D. 6～10年　E. 10年以上

6. 您使用电子知识库的时间：

A. 1年以下　　B. 1～2年　　C. 3～5年　　D. 5年以上

第二部分 相关问题

以下问题反映的是您在工作中使用本企业电子知识库的感受，请您根据自己的真实感受，在您认为最符合的选项下打“√”		完全不同意	不同意	不确定	同意	完全同意
有用感知	使用 EKRs 能够提高我的工作效率					
	我觉得使用 EKRs 对我的工作非常有用					
	使用 EKRs 使我的工作变得非常容易					
期望确认	使用 EKRs 的体验比我想象中的要好					
	EKRs 提供的服务水平比我想象中的要好					
	总体来说，使用 EKRs 过程中的期望大多数都得到了确认					
满意度	在使用过 EKRs 后，我感到非常的满意					
	在使用过 EKRs 后，我觉得很喜欢该系统					
	在使用过 EKRs 后，我感到心满意足					
	在使用过 EKRs 后，我感到非常厌烦(R)					
情感承诺	我喜欢与他人分享使用 EKRs 系统的优点					
	我对 EKRs 系统感情很深					
	我愿意为 EKRs 做出知识贡献					
	我很容易对 EKRs 系统形成依赖					
算计承诺	停止使用该 EKRs 系统我可能会受到损失					
	停止使用该 EKRs 系统我会有相当大的个人牺牲					
	即使我想停止使用 EKRs 系统，但是现在停下来很困难					

续 表

以下问题反映的是您在工作中使用本企业电子知识库的感受,请您根据自己的真实感受,在您认为最符合的选项下打"√"		完全不同意	不同意	不确定	同意	完全同意
道德承诺	我觉得如果停止使用 EKRs 我会产生罪恶感					
	我觉得使用 EKRs 是我的责任					
	我觉得我有义务使用 EKRs 系统					
主观规范	我会受同事的影响而使用 EKRs					
	我会受公司制度的影响而使用 EKRs					
	我会受领导意见影响而使用 EKRs					
	我会因为个人价值观的影响而使用 EKRs					
组织认同	当有人批评我所在的组织的时候,我会有一种侮辱感					
	当我谈论我所在的组织时候,通常情况下我会用"我们的组织"而不是"他们的织"					
	组织的成功就是我的成功					
	当社会舆论赞扬我所在的组织时,我会感到像是在赞扬我自己					
EKRs 承诺	我愿意花比一般期望大的努力来丰富 EKRs 知识内容					
	我会和朋友说 EKRs 是一个值得使用的信息系统					
	当我告诉别人我在使用 EKRs 时会感到很骄傲					
	EKRs 确实在工作表现方面激起了我最佳的工作状态					

续表

以下问题反映的是您在工作中使用本企业电子知识库的感受，请您根据自己的真实感受，在您认为最符合的选项下打“√”		完全不同意	不同意	不确定	同意	完全同意
持续使用意向	在未来，我仍会继续使用该 EKRs 系统而不是终止使用					
	在未来，我的意向是继续使用该 EKRs 系统而不是使用其他系统					
	如果可以，我想终止使用该 EKRs 系统(R)					

参考文献

[1] AGGESTAM L, BACKLUND P, PERSSON A, et al. Supporting Knowledge Evaluation to Increase Quality in Electronic Knowledge Repositories[J]. International Journal of Knowledge Management, 2012 , 6 (1) :23 - 43.

[2] ALEXANDRA D, KELLY J F. Knowledge sourcing from repositories: The role of system characteristics and psychological climate[J]. Information & Management, 2016(53): 64 - 78.

[3] AJZEN I, FISHBEIN M. Understanding Attitudes and Predicting Social Behavior[M]. Prentice-Hall: Englewood Cliffs, 1980.

[4] ALLEN N J, MEYER J P. The measurement and antecedents of affective, continuance and normative commitment to the organization [J]. Journal of Occupational Psychology, 1990(63): 1 - 18.

[5] ANOL B. Understanding Information Systems Continuance: An Expectation Confirmation Model [J]. MIS Quarterly, 2001, 25 (3): 351 - 370.

[6] ANOL B. An empirical analysis of the antecedents of electronic commerce service continuance [J]. Decision support systems, 2001, 32(2): 201 - 214.

[7] ANTOSOVA M. ICM-intellectual capital management [M]. Bratislava: Rozvoj Manažmentu V Teórii A Praxi , 2010.

[8] ASHFORTH B E, MAEL F A. Social identity theory and the organization[J]. Academy of Management Review, 1989, 14(1): 20 - 39.

[9] REZVANIA A, DONG L Y, KHOSRAVIA P. Promoting the continuing usage of strategic information systems: The role of supervisory leadership in the successful implementation of

enterprise systems [J]. International Journal of Information Management,2017(37): 417 - 430.

[10] REZVANIA A, KHOSRAVI P, DONG L Y. Motivating users toward continued usage of information sys-tems: Self-determination theory perspective [J]. Computers in Human Behavior,2017(76): 263 - 275.

[11] BECKER H S. Notes on the Concept of Commitment [J]. American Journal of Sociology, 1960, 66(1):32 - 42.

[12] BERGAMI M, BAGOZZI R P. Self-categorization, affective commitment and group self-esteem as distinct aspects of social identity in the organization [J]. British Journal of Social Psychology, 2000(39):555 - 577.

[13] BOCK G W, KANKANHALLI A, SHARMA S. Are norms enough? The role of collaborative norms in promoting organizational knowledge seeking [J]. European Journal of Information Systems, 2006, 15(4): 357 - 367.

[14] BURNS T, STALKER G M. The management of innovation [M] .London: Tavistock, 1966.

[15] CHEN C C, CHANG S C. Discussion on the Behavior Intention Model of Consumer Online Shopping[J].Journal of Business and Management,2005,11(1):41 - 58.

[16] TSAI C H, ZHU D S. The effect of reducing risk and improving personal motivation on the adoption of knowledge repository system[J]. Technological Forecasting & Social Change, 2010 (77): 840 - 856.

[17] CIALDINI R B, KALLGREN C A, Reno R R. A focus theory of normative conduct: A theoretical refinement and reevaluation of the role of norms in human behavior [J]. Advances in Experimental Social Psychology, 1991(21): 201 - 234.

[18] DANIEL H Z, HEMPEL D J, SRINIVASAN N. A model of value assessment in collaborative R & D programs [J].

Industrial Marketing Management, 2002(31): 653－664.
[19] DELONE W H, MCLEAN E R. Information systems success: The quest for the dependent variable [J]. Information Systems Research, 1992, 3(1):60－95.
[20] DELONE W H, MCLEAN E R. The DeLone and McLean model of information systems success: A ten-year update [J]. Journal of Management Information Systems, 2003,19(4): 9－30.
[21] DUKERICH J M, GOLDEN B R, Shortell S M. Beauty is in the eye of the beholder: the impact of organizational identification, identity, and image on the cooperative behaviors of physician[J]. Administrative Science Quarterly, 2002(47): 507－533.
[22] ETZIONI A. A comparative analysis of complex organizations: On power, involvement and their correlates [M]. New York: Free Press, 1961.
[23] EVERETT M R. Diffusion of Innovations[M]. 4th ed. Free Press: New York, 1995.
[24] FAYOL H. General industrial management [M]. London: Pitman, 1949.
[25] FRED D D. Perceived Usefulness, Perceived Ease of Use, and User Acceptance of Information Technology [J]. MIS Quarterly, 1989, 13(3): 319－340.
[26] FRED M, Blake E A. Alumni and their alma mater: A partial test of the reformulated model of organizational Identification [J]. Journal of organization behavior, 1992(13):103－123.
[27] GEE-WOO B, MIMRAH M, SANJEEV S, et al. Youn Jung Kang, The Impact of Information Overload and Contribution Overload on Continued Usage of Electronic Knowledge Repositories[J]. Journal of Organizational Computing and Electronic Commerce, 2010(20):3, 257－278.
[28] HSU M H, JU T L, YEN C H, et al. Knowledge sharing behavior in virtual communities: the relationship between trust,

self-efficacy, and outcome expectations[J]. International Journal of Human Computer Studies, 2007(65): 153 - 169.

[29] SHIH H P. Continued use of a Chinese online portal: an empirical study[J]. Behavior & Information Technology, 2008, 27(3): 201 - 209.

[30] IKUJIRO N. A dynamic theory of organizational knowledge creation [J]. Organization Science, 1994, 5(1): 14 - 37.

[31] IVAN L, DANA S. Knowledge Management Embedment in Company, Knowledge Repositories, Knowledge Management Significance and Us-age in Company[J]. Procedia Economics and Finance, 2015(23): 833 - 838.

[32] JAMES A H, STEPHANIE E, DARRYL W, et al. The effect of unethical behavior on trust in a buyer supplier relationship: The mediating role of psychological contract violation [J]. Journal of Operations Management, 2009(27): 281 - 293.

[33] KANKANHALLI A, TAN B C Y, WEI K K. Contributing knowledge to electronic knowledge repositories: an empirical investigation[J]. MIS Quarterly, 2005,29(1): 113 - 143.

[34] KANKANHALLI A, TAN B C Y, WEI K K. Understanding seeking from electronic knowledge repositories: An empirical study [J]. Journal of the American Society for Information Science and Technology, 2005, 56(11): 1156 - 1166.

[35] KELLY J F, ALEXANDRA D. If it's fair, I'll share: The effect of perceived knowledge validation justice on contributions to an organizational knowledge reposi-tory[J]. Information & Management,2014(51): 511 - 519.

[36] KIM R, NIELS A N. Online grocery retailing: what do consumers think? [J].Internet Research, 2005,15(3):335 - 353.

[37] KING W R, MARKS Jr P V. Motivating knowledge sharing through a knowledge management system [J]. Omega, 2008, 36 (1): 131 - 146.

[38] LINE L O. Modeling Equity, Satisfaction and Loyalty in Business-to-Consumer Markets [M]. Oslo: Nordberg Hurtigtrykk, 2002.

[39] MADHAVAN P, ANOL B. Understanding Post — Adoption Behavior in the Context of Online Services [J]. Information Systems Research, 1998, 9(4): 362 - 379.

[40] MARCELLINE F, SUBHASH D. An exploration of student internet use in India: the technology acceptance model and the theory of planned behavior [J]. Wide Information Systems, 2005, 22(4):233 - 247.

[41] MARYAM A, DOROTHY E L. Review: Knowledge Management and Knowledge Management Systems: Conceptual Foundations and Research Issues [J]. MIS Quarterly, 2001, 25 (1):107 - 136.

[42] HSU M H, CHIA H Y, CHIU C M, et al. A longitudinal investigation of continued online shopping behavior: An extension of the theory of planned behavior [J]. International Journal of Human-Computer Studies, 2006, 64(9): 889 - 904.

[43] MEYER J P, ALLEN N J. A three component conceptualization of organizational commitment [J]. Human Resource Management Review, 1991(1): 64 - 98.

[44] MEYER J P, ALLEN N J, SMITH C A. Commitment to organizations and occupations: Extension and test of a three component conceptualization [J].Journal of Applied Psychology, 1993, 78(4): 538 - 551.

[45] MOEZ L, SABINE G H. How Habit Limits the Predictive Power of Intention: The Case of Information Systems Continuance [J]. Management Information Systems Quarterly, 2007,31 (4):705 - 737.

[46] MOWDAY R T, PORTER L W, STEERS R M. The measurement of organizational commitment [J]. Journal of

vocational behavior, 1979, 14(2): 224 - 247.

[47] MURRAY D, HOWAT G. The relationship among service quality, value, satisfaction, and future intentions of customers at an Australian sports and leisure center [J]. Sport Management Review, 2002(5): 24 - 43.

[48] PORTER L W, STEERS R M, MOWDAY R T. Organization commitment, job satisfaction, and turnover among psychiatric technicians [J]. Journal of Applied Psychology, 1974, 59(5): 603 - 609.

[49] PRINCELY I. Acceptance And Continuance Intention of Web-based Learning Technologies (WLT) Use among University Students in a Baltic Country [J]. The Electronic Journal on Information Systems in Developing Countries, 2006, 23(6): 1 - 20.

[50] RIKETTA M. Organizational identification: a meta-analysis [J]. Journal of Vocational Behavior, 2005(66): 358 - 384.

[51] THOMAS H D, LARRY P. Working knowledge: how organizations manage what they know [M]. Boston: Harvard Business School Press, 1998.

[52] TSAI W, GHOSHAL S. Social capital and value creation: the role of intra - firm networks [J]. Academy of Management Journal. 1998, 41(4): 464 - 476.

[53] TUNG C, HUANG C C. Understanding the determinants of EKR Usage form social, technological and personal perspectives [J]. Journal of Information Science, 2009, 35(2):165 - 179.

[54] VINCENT C, CHENG T C E, HUNG H. Technology Management Continued usage of technology versus situational factors: An empirical analysis[J]. Journal of Engineering and Technology Management, 2009(26): 264 - 284.

[55] WASKO M M, FARAJ S. Why should I share? Examining social capital and knowledge contribution in electronic networks

of practice [J]. MIS Quarterly, 2005, 29(1): 35 - 57.
[56] 陈美玲,白兴瑞,林艳.移动学习用户持续使用行为影响因素实证研究[J].中国远程教育, 2014 (12) :41 - 47.
[57] 陈渝,毛姗姗,潘晓月,等.信息系统采纳后习惯对用户持续使用行为的影响[J].管理学报,2014,3(11):408 - 415.
[58] 代宝, 刘业政.基于期望确认模型、社会临场感和心流体验的微信用户持续使用意愿研究[J].情报探索,2015,35(3):19 - 23.
[59] 邓朝华.移动服务用户接受行为及满意度研究[M].北京:科学出版社,2012.
[60] 樊耘, 张旭, 颜静. 基于理论演进角度的组织承诺研究综述[J].管理评论, 2013,25(1): 101 - 113.
[61] 顾立平.型人导论-网络用户信息行为与差异化服务策略[M].北京:科学技术文献出版社,2013.
[62] 李蒙翔,顾睿,尚小文.移动即时通讯服务持续使用意向影响因素研究[J]. 管理科学, 2010,23(5): 72 - 83.
[63] 李武.科研人员接受 OA 知识库的影响因素研究[D].北京:北京大学, 2009.
[64] 凌文辁,张治灿,方利洛.中国职工组织承诺结构模型研究[J].管理科学学报,2000(2):76 - 81.
[65] 凌文辁,张治灿,方利洛.影响组织承诺的因素探讨[J].心理学报,2001(3):259 - 263.
[66] 刘倩,周密,赵西萍,等.信息系统习惯对持续使用影响的研究述评与过程性框架[J].软科学,2014,28(11):123 - 127.
[67] 刘彦.基于 TAM 理论的农民接受和使用 IT 行为的研究[C].北京:中国管理现代化研究会,2009.
[68] 秦垚.电子支付接受行为影响因素的实证研究[D].昆明:昆明理工大学,2010.
[69] 秦敏.现代企业员工 IT/IS 创新使用模式与机理[M].北京:经济管理出版社,2014.
[70] 盛玲玲. 移动商务用户继续使用意向研究[D]. 杭州:浙江大学, 2008.

[71] 王伟军,甘春梅.学术博客持续使用意愿的影响因素研究[J].科研管理,2014,35(10):121-127.

[72] 王哲.社会化问答社区知乎的用户持续使用行为影响因素研究[J].情报科学,2017,35(1):78-84.

[73] 魏钧,陈中原,张勉.组织认同的基础理论、测量及相关变量[J]. 心理科学进展,2007,15 (6): 948-955.

[74] 吴明隆. 问卷统计分析实务——SPSS操作与应用[M]. 重庆:重庆大学出版社, 2009.

[75] 姚涛. 基于延伸的计划行为理论的网络游戏持续使用研究[D]. 杭州:浙江大学, 2006.

[76] 赵向异. 我国政府网络平台持续使用的因素研究[D]. 重庆:重庆大学, 2007.

[77] 赵欣,周密,于玲玲,等.基于情感依恋视角的虚拟社区持续使用模型构建——超越认知判断范式[J].预测,2012,31(5):14-20.